류승완의 자세

류승완의 자세

마음을 움직이는 힘

초판 1쇄 발행 | 2017년 11월 20일

지은이 | 류승완, 김영진
펴낸 곳 | 도서출판 이와우
주소 | 경기도 고양시 일산동구 숲속마을 1로 29-37 서광 미르프라자 2층 211호
전화 | 031-901-9616
이메일 | editorwoo@hotmail.com
홈페이지 | www.ewawoo.com
등록 | 2013년 7월 8일 제2013-000115호

디자인 | 별을 잡는 그물
인쇄·제본 | (주)현문

※정가는 뒤표지에 있습니다.

※잘못된 책은 구입하신 서점에서 교환해 드립니다.

ISBN 978-89-98933-24-1 (03680)

마음을

움직이는

힘

류승완

류승완의 자세

류승완 · 김영진 지음

이와우

차 례

나는 기억에 없지만
당신이 칼을 갈았던
우리의 첫 만남에 관한 기억부터.

Prologue

인연

김영진 우리끼리 가끔 농담 삼아 꺼내는 이야기부터 해보자. 나는 기억에 없지만 당신이 칼을 갈았던 우리의 첫 만남에 관한 기억부터. 내가 언젠가 신문 칼럼에도 썼었지.

류승완 동숭아트센터에서의 만남?

김영진 1999년 동숭아트센터에서 있었던 일.

류승완 1999년 아니에요. 훨씬 전이에요. 제가 독립영화협의회란 곳에서 워크숍 할 때니까 제가 충무로에서 연출부 생활하기 전이에요.

김영진 내가 그렇게 젊었을 때 강의를 했단 말이야?

류승완 1993년인가, 94년이었죠. 연도와 날짜는 정확히 기억 안 나는데 계절은 기억나요. 여름이었어요. 겨울은 분명 아니었어요. 동숭아트센터 5층에 있는 작은 공간에서 독립영화협의회 주관 강연 자리였죠.

김영진 그렇게 젊은 나이에 영화에 관한 강연을 혼자 하고, 나도 용하다.

류승완 근데 강연 내용은 하나도 기억이 안 나요. (웃음) 뭐라 말하는지 전혀 안 들려. 발음이 부정확하고 웅얼거리시니까. 강연 끝나고 다가가서 "어떻게 영화를 하면 좋겠습니까?"라고 질문을 드렸더니, 거만하게 "웬만하면 영화 하지 마라" 그러셨어요. 속으로 '뭐 저런 사람이 있나?' 열 받았죠. 나중에 후회하게 만들어 주리라. (웃음)

김영진 정식으로 물어본 건 아니었지? 지나가는 질문처럼.

류승완 아니에요. 진지한 질문이었어요. 독립영화협의회 5기 워크숍 강좌였고. 제 기억에 제 아내(현재 류승완 감독의 부인이자 류승완 감독과 공동 운영하는 영화사 '외유내강' 강혜정 대표)가 5기였고, 그 기수에 제가 조교라서 강연 진행을 보좌하면서 강연도 들었던 거고.

김영진 관계자였구나?

류승완 그렇죠. 당시 독립영화협의회가 대한극장 근처의 좁고 허름한 건물, 손바닥만 한 월남 바퀴가 우글거리는 썩은 건물에서 강좌를 열다가 5기 수강생을 모집할 때부터 동숭아트센터를 빌려서 했거든요. 아무튼, 영화를 하고 싶다고 질문을 했는데.

김영진 질문이 무지막지했잖아. "영화를 하고 싶습니다. 어떻게 했으면 좋겠습니까?" 당신이 지금 그런 질문 받으면 뭐라고 할 거야?

류승완 하지 말라 그러죠. (웃음)

김영진 나는 전혀 기억에 없어. 당신도 독한 게 〈죽거나 혹은 나쁘거나〉(2000) 개봉 때부터 평론가와 감독으로 만나 죽 인터뷰했는데 그 이야기를 전혀 안 하다가 〈짝패〉(2006) 개봉 인터뷰 때 처음 그 사연을 말했지. '당신, 평론가 얼마나 하나 보자. 내가 중요한 감독이 되면 당신을 밟아줄 테다' 이렇게 다짐했다면서. 근데 아무튼 지금까지 만나고 있으니 서로 용하다. (웃음)

류승완 당시에는 선배뿐만 아니라 누구한테나 그렇게 들이대고 다녔어요. 상대를 불문하고 나보다 윗사람에겐 무조건 조언과 충고를 구하고 조금이라도 안면을 트려고 애썼죠.

제 기억에 또렷이 남은 에피소드가 하나 있어요. 고등학교 졸업할 무렵 잠실 탄천 근처의 반지하 방에 살 때 대치동에 있는 '그랜드 비디오'라는 곳이 유명했어요. 희귀한 비디오나 명작을 많이 구비하고 있어서 영화광들에게 인기가 많았죠. 친구들이 '나 그 비디오 가게에서 박찬욱 봤다' 자랑하면 그게 부러워서 가곤 했는데 너무 멀어서 자주 가기 귀찮은 거예요. 그때 마침 제가 사는 동네에 대형 비디오 가게가 생겼어요. 'R 비디오'라는 가게였는데 어느 날 거기 가보니까 가수이자 배우였던 전영록 아저씨가 계시는 거예요. 당시의 그분은 영화 음악도 하시고 여전히 영화인으로서의 정체성을 갖고 있을 때였어요. 무턱대고 그분 앞에 서서 "저 영화 하고 싶은데 영화 시켜주세요"라고 했어요. 제가 다짜고짜 들이대니까 옆에 있던 매니저가 저를 밖으로 끌어내려 하더라고요. 그분은 던힐 담배를 피우고 계셨는데 매니저에게 그러지 말라고 하시더니 저를 앉히시고는 네버 엔딩 스토리를. (웃음) 당신이 대종상 남우주연상 못 받은 이유부터 시작해서 어린 저를 붙잡고 한참 이야기하시더라고요.

어렸을 때부터 습관이었어요. 들이대는 거. 중앙대에서 졸업영화제 한다고 하면 무작정 달려갔죠. 고등학생 때는 영화를 전공하는 대학생이 어마어마해 보였거든요. 거기 쫓아가서 대학생 형들한테 영화 하려면 어떻게 해야 하냐고 물어보고. 또 친구들이랑 8mm 영화 찍어서 평주 영화제라는 데에도 내보고 그랬죠.

김영진 8mm 카메라를 언제 구입했어?

류승완 고1 때요. 원래는 VHS 카메라를 사려고 했어요. 그걸로 영상 찍으면 되는 줄 알고. 근데 그 카메라 구입가가 100만 원이 넘었어요. 너무 비싸잖아요. 돈을 구할 방법이 없었어요. 그때 학교 매점에서 점심 먹으려면 2000원이었거든요. 라면하고 뭐 해서. 점심을 무작정 거르고 매일 2000원을 계속 모은 거예요. 카메라를 사야겠다는 일념으로. 중학교 3학년 때부터 2000원을 모아서 고등학교 1학년 때까지 그 짓을 했어요. 학교에는 포크만 가져가서 다른 애들 점심 뺏어 먹고.

김영진 2000원씩 2년 동안 모으면 카메라를 살 수 있냐?

류승완 안 되죠. 턱도 없죠. 고1 때 이런 일이 있었어요. 애들끼리 장난으로 서로 지갑검사 하잖아요. 전 지금도 습관인데 영화표를 모으거든요. 책갈피로 쓰기도 하고. 제 지갑에 영화표가 꽤 많았는데, 제 뒷자리에 앉은 애도 지갑에 그만큼 있는 거예요. 그 친구는 〈대부〉(1972)와 무협지를 좋아하는 친구였고, 지금은 부산의 한 극장에서 총괄 매니저로 있어요. 그 애 말고도 저희 반 안에 영화 좋아하는 애들이 더 있었어요. 서로 영화에 대한 이야기를 많이 했죠. 제가 고등학교 주간 반 떨어지고 야간학교에 다녔거든요. 공부 안 하고 그저 영화만 보다가 고등학교 떨어진 애들이 모인 거예요. 희한하게 그런 애들이 그 반에 모였어요. 그 애들한테 "나 영화 찍을 건데 니들 생각 있냐? 나 돈 이만큼 모았는데 같이 모아서 카메라 사자!" 꼬드긴 거죠. 8mm 필름 카메라가 있다는 정보를 듣고 단성사 주변의 카메라 가게를 돌아다니다 보니까 20만 원에 살 수 있는 카메라가 있는 거예요. 영사기는 24만 원. 그때 카메라 가게에서 주인이 영사기로 틀어준 게 김희갑 선생이 나오는 영화 〈팔도강산〉(1967)이었어요. 제 하얀색 티셔츠에 필름이 영사되는 걸 봤죠. 전부 마음이 동해 애들하고 모은 돈으로 카메라와 영사기를 샀어요. 필름 카트리지가 4만 원 정도 할 땐데 돈이 꽤 들었죠. 필름을 일본에 보내 현상도 해야 하니까. 고등학교 때부터 영화를 찍었죠.

김영진 몇 편 찍었어?

류승완 저는 두 편을 찍었어요. 영화라곤 볼 수가 없었죠. 그저 뭔가를 찍은 거죠. 일본에 필름을 다섯 통 보냈는데 세 통은 아무 것도 찍히지 않은 먹통으로 오고 나머지 두 통도 완전 엉망인 거예요. 편집 개념도 없이 막 찍었던 거니까. 첫 번째 영화는 류승범의 데뷔작이죠. 제가 고등학생이었고 승범이가 초등학생이었는데 출연시켰어요. 근데 얘가 현장에서 카메라를 망가뜨렸어. 두 번째 영화는 제가 고3 때 찍은 건데 완성을 못 하고. 제 친구는 영화 한 편을 완성했는데 그게 지금은 없어진 평주영화제란 곳에 출품이 된 거예요. 8mm 영화는 18프레임으로 영사해야 하는데 24프레임으로 영사해서 완전 채플린 영화 보는 것처럼 빠른 무성영화처럼 보이고 엉망이었죠. 고등학생 애들이 나름 중2병으로 만든 영환데 '너는 나다' 뭐 이런 심오한 주제를 담았죠. (웃음) 그때 영화를 완성했던 친구가 지금도 영화 일을 하고 있어요. 〈덕수리 5형제〉(2014) 공동 각본을 쓴 친구예요. 그 친구는 저보다 항상 더 뛰어났어요. 영화 이야기를 할 때나 운동할 때, 친구 관계에서도 저는 그 친구에게 질투를 느끼고 그랬죠.

김영진 고등학교 때 같이 영화를 논하고 찍었던 친구들이 또 누구야?

류승완 지금도 교분이 있는 절친한 친구가 한 명 있어요. 선배가 있는 명지대 용인 캠퍼스 근처에 최근 KFC 지점을 냈는데, 많이 팔

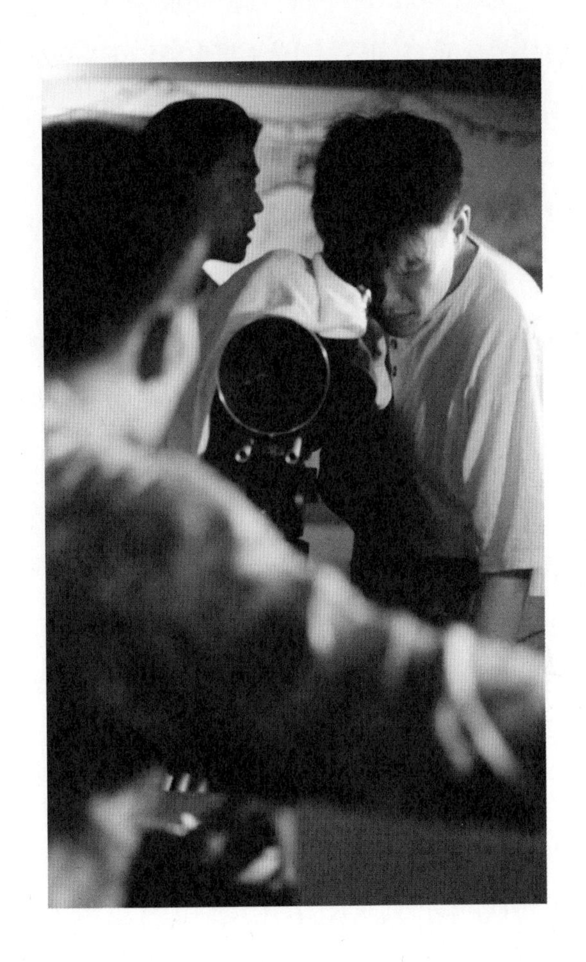

아주실 거죠? (웃음)

김영진 공부 못했던 친구들이 다 잘 먹고 사네?

류승완 KFC 지점 낸 그 친구는 저랑 어렸을 때 고구마 장사도 같이하고, 힘든 시절을 빡세게 함께 보낸 친구죠. 이름이 박정이에요. 〈3인조〉(1997)와 〈여고괴담〉(1998) 연출부도 같이했어요. 이 친구는 집안 사정 때문에 〈정사〉(1998) 제작부 일을 끝으로 영화판을 떠났어요. 16년 가까이 가락시장에서 고추 방앗간을 했는데 새벽 3시에 나가서 저녁 6시에 들어오는 걸 주말만 빼고 십수 년을 해서 집안을 완전히 일으켜 세우고 다른 사업도 하다가 이제 자기가 하고 싶은 거 하고 싶다더라고요. 그 친구가 제 영화사 어려울 때 많이 도와줘서 겨우 버텼거든요. 〈베테랑〉(2015) 할 때 자기도 너무 하고 싶다고 했는데 제가 우리 회사 명함 하나 박아줄 테니 즐기면서 해라, 올인 하지 말고 영화계에 한 발 걸쳐놓고 있는 게 훨씬 행복하다고 했거든요. 〈베테랑〉에는 제작 이사로 크레딧에 올라가요.

김영진 아름다운 관계인데?

류승완 그 친구가 제 할머니 돌아가셨을 때 할머니 수의 해온 친구예요. 저는 세상에서 가장 친한 친구를 뽑으라면 그 친구 뽑아요.

김영진 다시 그 시절로 돌아가서, 누구한테나 막 들이댔다 이거지?

류승완 막 들이댔죠. 들이대서 막상 가보면 대학생 형들 말이 너희 아

직 고등학생이고, 대학에 가야 하니까 일단 나한테 과외 받아 이런 거고. (웃음)

김영진 형들이 누구야?

류승완 중앙대 대학원 다니던 사람들, 평주 영화제에서 알게 된 사람들. 지금은 뭐 보이지도 않는 사람들이고.

김영진 그런 사람들을 어떻게 알게 된 거야?

류승완 사소한 인연도 크게 생각하고 들이대는 거죠. 이규형 감독의 〈난 깜짝 놀랄 짓을 할 거야〉(1990)가 개봉했을 땐데요. 그때 이 감독이 인기가 좋았어요. 새 영화를 만들 때마다 흥행하고. 어느 날인가, 친구들과 8mm 필름을 사러 가다가 신천역에서 이 감독의 영화에 출연 중인 이경영 형님을 본 거야. 무작정 쫓아가서 저 그 영화 너무 재밌게 봤다고 사인 좀 해달라고, 영화 너무 하고 싶어서 그러는데 물어볼 게 많아서 전화하고 싶다고 번호를 따내고 그랬죠. 〈비 오는 날의 수채화〉(1989) 개봉 무렵 에피소드도 있어요. 그때가 충무로 바깥에서 영화를 만드는 젊은 감독들이 나오던 시기예요. 〈회색 도시 2〉(1989)의 안재석 감독을 필두로 곽재용 감독이 독립프로덕션 '청기사그룹'을 만들어 〈비 오는 날의 수채화〉를 연출하고 김태균 감독이 '영화공장'이란 프로덕션을 만들어 저예산영화 〈네 멋대로 해라〉(1991)를 제작할 시절이었죠. 그분들이 방송에 나와 화제를 모았어요. 비디오방에서 친구들과 그 영화를 보면서 다소 엉성한 완성도에 낄낄대며 즐겁게 보던 기억이 나요. 한번은 친구들과 지하철 타고 종로 3가에 가는데 맞은편 자리에 곽재용 감독이 앉아 있는 거예요. "야, 곽재용 같아." "시발, 영화감독이 무슨 지하철 타고 다니냐?" 친구들끼리 티격태격했거든요. 곽 감독은 신문을 보고 있었는데 그 신문에 〈비 오는 날의 수채화〉 전면광고가 실려 있었어요. 저 사람이 진짜 〈비 오는 날의 수채화〉 감독이면 저 광고면에 시선을 잠깐 멈출 거라고 그랬는데 무심하게 다음 지면으로 넘기더라고요. 아닌가? 하다가 잠원역 지나고 있는데 "만약 저 사람이 진짜 곽재용 감독이면 신사역에서 내릴 거야. 개봉 중이니까." 근데 신사역에서 딱 내리는 거예요. 그래서 "내리자!" "왜? 병신아, 우리 필름 사러 가야 하잖아!" 우리끼리 싸우다가 후다닥 곽 감독을 쫓아가서 우린 이런 애들인데 청기사그룹에 관한 신문 인터뷰도 보고 감독님께 관심이 많다. 근데 영화를 어떻게 해야 될지 모르겠다고 하니까 곽 감독이 "너희들 내 영화는 봤냐?" 물어보시더라고. 못 봤다고 했더니 보고 이야기하자. 친구들과 다 같이 영화 보고 나오니까 감독님이 사라졌어. 그래서 친구들한테 나만 욕 잔뜩 얻어먹고. (웃음) 완전 좌충우돌이었죠.

김영진 박찬욱 감독은 어떻게 만났어?

류승완 독립영화협의회에서 젊은 영화인 다큐멘터리 기획을 했어요. 저와 강혜정 씨가 같이 기획해서. 사심이 좀 있었죠. 다큐멘터리 핑계로 박찬욱 감독님을 만나고 싶었던 거예요. 1993년 무렵이에요. 지금 박 감독님이 아닐 때. 긴 머리를 묶고 다니실 때. (웃음)

김영진 가만 보면 나름대로 인복이 있어.

류승완 저는, 사실 지금도 그렇지만, 저만의 시선을 갖기까지 시간이 되게 오래 걸렸어요. 저는 세상을 바라보고 영화를 볼 때 안경 끼고 보는 게 진짜 많은 것 같아요. 지금도 생각하는 게, 제가 영화 초짜 시절에 만났던 박찬욱 감독님이나, 독립영화협의회의 남희섭 대표나, 봉준호 감독이나, 이런 사람들 아닌 엉뚱한 사람 만났으면 앞길이 건잡을 수 없었을 것 같아요. 그분들 통해서 제가 달라졌어요. 영화잡지 《스크린》에 영화에 관한 지식을 풀어주는 '라이브러리' 코너가 있었는데 그걸 달달 외우고 그랬거든요. 액션 스타 이연걸도 신봉하고 뭐든 마음에 꽂히면 그대로 따라 할 뿐이었죠. 대학생도 아니고 아무것도 없으니까 지적인 콤플렉스가 심했어요.

김영진 근데 《스크린》이나 《로드쇼》 같은 영화잡지에 실렸던 글들이 굉장히 유용했어. 고급 지식들이야.

류승완 정성일 선생님의 글도 맹목적으로 추종하고. 정 선생님 글은 지금도 약간 해석이 안 되는 것도 있긴 한데. (웃음) 선배님 글도 읽었고 저는 그때 강한석 선생님 글도 도움이 많이 됐어요. 박찬욱 감독님 글은 굉장히 쉬워서 영화를 보는 제 시각을 바꿨죠. 박 감독님이 홍콩영화에 대한 글도 재밌게 쓰셨어요.

김영진 그렇지. 엄청 열광했었지.

류승완 예대위 감독이 완전 맛이 가서 만든 〈혈전영웅〉(1989) 이런 영화에 대해서도 쓰시고.

김영진 그래서, 인터뷰는 했어?

류승완 했죠. 근데 감독님도 삶이 너무 피곤할 때라. 돌이켜보면 질문이 나빴던 것 같아요. 무턱대고 들이대는 질문이었으니까.

김영진 다큐멘터리 완성은 했어?

류승완 인터뷰만 잔뜩 하다가…….

김영진 누구누구 했어? 많이 했나?

류승완 제가 찾아가고 싶은 사람들은 다 했어요.

김영진 열심히 만났네?

류승완 네. 하지만 다큐멘터리 완성은 못 했고 넥스트 밴드의 음악으로 뮤직비디오 같은 거 만들면서 연습하고 그랬죠. 생계 때문에 돈을 벌어야 하니까. 지치는 거예요.

김영진 고등학교 친구들은?

류승완 조금씩 흩어지기 시작했죠. 전 연출부 들어가고, 촬영부 들어간 친구도 있고. 제가 발을 먼저 들여서 소개해주곤 했죠. 친구들끼리 모여서 뭐 해보자 하는데, 어린 나이에 뭐가 잘 되나요?

김영진 근데 그렇게 자기 확신이 있었어?

류승완 스물하나, 스물두 살이잖아요. 만약 부모님이 살아계셨거나 기댈 곳이 있었다면, 아니면 대학에 갔더라면 또 모르죠. 저는 뭘 해도 가망이 없는 상태였어요. 뭘 해도 안 되는 상태. 속기사 자격증 시험 이런 거 준비할 때니까. 자격증이라고는 운전면허증 하나 있고. 뭘 해도 안 되니 하는 데까진 해보자. 위기는 스물네 살 무렵에 왔어요. 찍었던 단편영화는 망했고. (웃음)

김영진 군대 안 갔어?

류승완 저는 생활보장대상자니까요. 할머니와 제 동생을 부양해야 하는 가장이었으니까. 승범이는 어렸고. 군대 가면 생활고가 정말 심각했을 거예요.

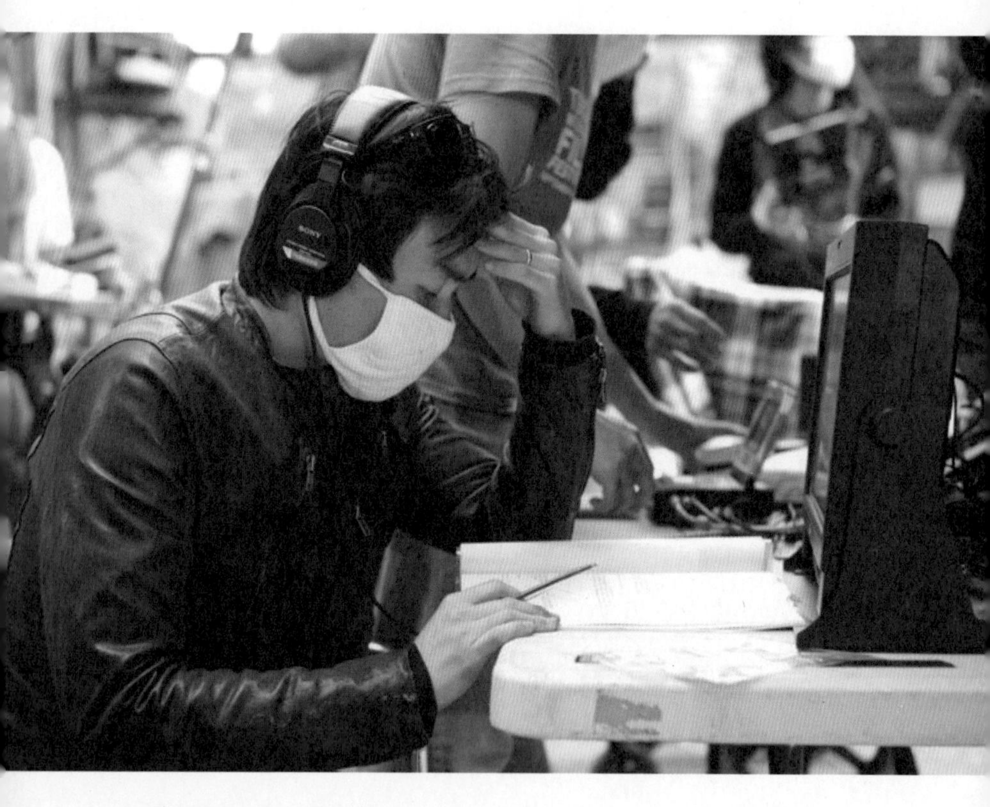

재능이 있고 없고가
중요한 게 아니라,

재능이 있다는
믿음이 중요하다.

김영진 기록을 보면 6개월 일하고 6개월 영화 찍고 그랬다던데.

류승완 그 패턴의 반복이었어요. 수첩에 적어놓은 게 있는데, 제가 당시 해봤던 일이 서른 가지가 넘더라고요. 나중에 시나리오 쓸 때 도움이 많이 됐죠. 거리에서 일하면서 만난 사람들의 영향을 많이 받았어요. 당구장에서 일하다가 만난 신사동 소매치기 형들, 운전면허시험장 근처에서 만난 삐끼 형들.

김영진 운전면허시험장에서 뭐했어?

류승완 제가 삐끼 일부터 시작했는데, 아침 6시부터 저녁 6시까지 일하고 일당이 3만 원이었어요. 그때 3만 원이면 큰돈이에요. 강남 면허시험장 근처 책방, 식당 등을 전부 한 집안에서 맡아 했어요. 한남동 면허시험장 시절부터 터 닦으신 할머니가 하셨는데 완전히 그 지역의 대모였어요. 할머니 본인은 월세방에 사셨는데 그 아들은 대리석 깐 엄청 넓은 아파트에서 살고. 그 집안 사위가 경찰이었어요. 그래서 단속 정보가 새 나왔어요. 삐끼 일로 뭘 배우냐 하면, 사람 정체 파악이 빨리 돼요. 사람들의 구두나 허리띠를 보면 그 사람 지갑에 현찰이 있나 없나 바로 알아요. 구두에 광나는 사람 치고 현찰 많이 갖고 다니는 사람 없다, 아무리 공들여도 넥타이 맨 양복쟁이한테는 팁 안 나온다는 걸 알게 됐죠. 그때 선배 삐끼 아저씨들한테 얻은 팁이 랜드로버 신은 사람들한테 공들여야 한다는 거였어요. 거기서 많이 배웠죠.

삐끼 할 때, 눈을 마주치면 안 돼요. 경찰서 앞이니까 걸린단 말이에요. 눈을 깔고 있으면 사람들 신발을 볼 수밖에 없어요. 눈치껏 삐끼 일을 잘하니까 인정을 받았죠. 그다음 일이 뭐였냐면, 사설 운전 연습장으로 손님들을 태워 보내는 거였어요. 삐끼한테 낚여서 사설 운전 연습하러 오는 사람들을 승합차에 태워 보냈어요. 무전기를 들고 늘 상황을 살피다가 단속이 뜨면, 휴대폰이 없을 시절이니까, 무전기로 연락을 받고 재빨리 뛰어가서 차들을 쫙 빼게 하고 담 너머에 숨어 있다가 단속반이 빠지고 나면 뒷정리하는 일이었어요. 나 이 이야기 처음 하는 것 같은데. (웃음)

그걸 하다가 눈에 띈 거야. 제 별명이 '잠실 꼬마'였거든요. 거기 차주 아저씨들이 잠실 꼬마 저 새끼 똘똘하다고 그랬죠. 그래서 제가 책방에 스카우트가 됐어요.

김영진 책방? 그 시점이 1993년이야?

류승완 1992년. 운전교습소 근처에서 시험문제집을 파는 책방이었는데 졸업하자마자 스카우트 됐죠. 크라운 출판사, 교문 출판사에서 낸 문제집이 3000원, 3500원 했어요. 아직도 기억하는 게, 1993년 1월 4일에 제가 하루에 99만 원어치 문제집을 팔았어요. 단 하루에. 1월 4일이 왜 대목이냐면, 사람들이 새해를 맞아 제일 많이 결심하는 게 금연하겠다는 것과 운전면허 따겠다는 거거든요. 제가 면허시험 열두 번 떨어진 아줌마한테 도로교통 지도까지 팔았다니까요. 아직 면허증도 없는 사람한테. 제가 수완이 좋았죠.

김영진 그게 수당으로 떨어지는 거야?

류승완 수당은 항상 3만 원. 근데 이게 현찰 벌이니까. 현찰을 쥐는 느낌에 중독이 생긴 거야. 내 돈이 아닌 아무것도 아닌 돈인데. 옆 책방이랑 경쟁 붙을 때도 있고.

김영진 보너스 안 줘?

류승완 보너스 주죠. 제 생활형편을 아니까. 저한테 잘해줬어요. 거기 있는 분들이.

김영진 99만 원어치 책 팔려면…….

류승완 그게, 3000원짜리 한 권을 파는 게 아니에요. 한 권 사는 사람은 상대 안 해. 그것도 관찰력을 필요로 하는 건데, 우린 사람 얼굴 안 보고 사람 손에 들려진 수험표를 봐요. 인지가 몇 개 찍혀 있으면 몇 번 떨어진 게 보이거든. 그리고 어린 남자애들은 공들일 필요가 없어. 개들은 좀만 공부하면 되니까. 근데 아줌마들은 불안하거든. 매번 책을 사요. 얼굴 보면 알거든요. 시험에 붙었나 떨어졌나. 떨어지면 이쪽으로 와. 우리는 그 아줌마들 안 봐요. 아줌마들이 앓는 소리 하면 아줌마한테 왜 하라는 대로 안 하냐고. "내가 하라는 대로 했어요? 봤어? 내가 이 문제 이렇게 하지 말랬지?" 아줌마가 다시 가서 문제집 열심히 봐야겠다고 그러면 "이거 개정된 거 몰라?" 말 짧게 해야 해요. 그때 면허시험 관련 뉴스가 있었는데 그걸로 뻥 치는 거예요. "뉴스 안 봐요? 운전면허법 개정된다는 거 아네요?" 그러면서 막 홀려. 만 원짜리 카세트테이프 일단 내놓고. 면허시험장 홀수 짝수로 나누잖아요? 커닝 못 하게 한다고. 근데 한 번 본 사람들은 안다고. "아줌마는 홀수였어요, 짝수였어요?" 물어보고 수험표 보고, 짝수였다면 다음은 홀수 배번이잖아. 그걸 노리고 출판사에서 홀짝 문제집을 내요. 종이 몇 장짜리인데 그것도 1000원이야. 저한테 걸리면 무조건 5500원은 내고 가야 해. 그냥 문제집과 홀짝 문제집 두 권 사는 거죠. 심한 아줌마는 2만 원어치 사요. 지도까지 사 가는 아줌마들 있지. 거기다가 도장 추가에요. 목도장. 도장 안 가져온 사람들 꼭 있죠. 도장 파라고 해서 3000원. 이럼 끝났지.

그 시절에 지하철 보수공사 일도 했어요. 새벽 0시에 집합해서 4시까지밖에 일을 못 해요. 지하철 다니기 전까지 일하는 거죠. 균열된 부분을 에폭시로 발라 메꾸는 건데, 시간을 짧게 쓸 수 있는 게 장점이었죠.

김영진 단가가 셌나?

류승완 일당 4만 원이었을 거예요. 마스크 안 쓰고 시멘트 다루다가 몸에 독 오르고 그랬죠. 단편 〈현대인〉이 여기저기 소규모 영화제에서 상영될 땐데, 시멘트 독 오른 상태로 가고.

김영진 〈현대인〉이 언제였지?

류승완 1999년.

김영진 〈죽거나 혹은 나쁘거나〉 완성할 때까지 아르바이트를 한 거야?

류승완 그렇죠. 제가 가장 오래 했던 게 면허시험장 일 말고, 인터콘티넨탈 호텔 하우스 키퍼였어요. 세탁물 운반하다가 미니바 담당으로 올라갔죠. 미니바 담당 일하다가 현찰 300만 원을 냉장고 위에서 발견하는 쾌거도 있었어요. 주인 찾아주려 했더니 불륜 커플이어서 애매해지고. (웃음) 아무튼 자랑스러운 직원으로 포상받았죠.

김영진 야, 정직하다.

류승완 주택부금을 10만 원씩 붓고 있었는데, 약간 갈등 생기더라고요.

김영진 정직하다 되게.

류승완 저 의외로 새가슴이에요. 벌벌 떨어요. 그 밖에 비디오가게 배달 일, 당구장 일도 좀 했죠.

김영진 당구장 일?

류승완 삼촌이 당구장 운영하셔서 어렸을 때부터 당구장 일을 했어요. 제가 잘하던 게 그거였어요. 삼촌이 말도 안 되게 무너진 당구장을 사면 제가 들어가서 번듯하게 반석에 올려놓은 뒤 삼촌이 다시 팔았죠. 저는 제 친구랑 같이 그 일을 했는데, 우리가 일하는 당구장의 대와 큐가 그 동네에서 가장 상태가 좋았어요. 매일 청소하고 물걸레질하고, 바닥에 음료수 자국 없게 하고. 게임 때마다 공에 약칠했죠. 우리 당구장 공에는 멍이 없었어요.

김영진 당구장 리노베이션 하는 비결이 정성이야?

류승완 김상윤 씨 같은 프로 당구선수들과 손잡은 사장이 초반에 선수들을 앞세워 바람몰이하면 그다음에 우리가 본격적으로 운영하는 식이었죠. 저 보면 장사 잘할 것 같지 않아요? 손님 오면 싹싹하게 해드리죠. 손님들이 당구 치고 있으면 서로 호칭하는 걸 유심히 들어요. 아, 저 양반은 상무고 저 양반은 과장이고. 외워두죠. 다음에 그 손님들 오면 제가 바로 상무님, 과장님, 호칭해주고 친근하게 서비스하는 거죠.

왜냐면, 윗사람한테 잘 보이지 않으면 굶는다는 공포가 어려서부터 있었어요. 지금 저희 아이들한테 가르치는 게 인사 잘하면 굶지 않는다는 거예요. 우리 아이들은 아파트 경비 아저씨들한테 하루에 열 몇 번씩 인사해요. 경비 아저씨들이 저희 애들을 알아요. 한번은 어느 경비 아저씨가 그만둘 때 우리 애들만 따로 불러 그동안 잘 대해줘서 고맙다고 한 적도 있어요. 어렸을 때부터 인사 잘해라, 정수리 보일 때까지 머리 숙여 인사해라 가르쳤죠.

김영진 자, 1990년대를 그렇게 보냈는데. 그 시절 당신이 본격적으로 쓴 시나리오는 뭐야?

류승완 처음 쓴 단편 각본은 「외통수」라고, 《리더스 다이제스트》에 실린 단편 소설을 각색한 거예요. 노트에다 썼죠. 어려서부터 『셜록 홈즈』와 『아르센 뤼팽』 시리즈 추리소설을 좋아했어요. 그래서인지 어렸을 땐 글짓기로 상을 많이 받았거든요. 제가 지금은 시나리오 못 쓰는 감독으로 유명하지만. (웃음) 영화를 보고 엄마나 친척들에게 이야기해주는 걸 좋아하는 아이이기도 했어요. 막내 이모가 항상 "승완이 얘는 말을 어쩜 이렇게 잘하는지 모르겠다"고 칭찬하셨던 기억이 나요. 그분의 칭찬이 은연중에 제 마음에 쌓여 지금의 저를 만든 게 있는 것 같아요. 이미 다른 데서 많이 이야기한 건데 저희 아버지가 할리우드 영화를 되게 좋아해서 할리우드 영화스타의 사진만 모아놓은 앨범도 갖고 있을 정도였어요. 저희 가족이 온양 살 때 〈벤허〉(1959)를 앙코르 로드쇼하면 서울로 고속버스 타고 가서 그 영화를 봐야 했어요. 아버지랑 둘이. TV에서 〈명화 극장〉 프로그램을 보면 아버지가 설명을 해주셨어요. 그 영향으로 〈나폴레옹 솔로〉 시리즈를 좋아했었죠. 제 삼촌은 또 홍콩영화광이어서 아주 어려서부터 삼촌 당구장 일이 끝나면 토요일 심야 극장을 같이 다녔어요. 온양은 통금이 없었거든요. 제가 갖고 있는 홍콩영화에 대한 기억들은 삼촌 덕분이에요. 성룡이 〈취권〉(1978)으로 뜨기 전에 출연했던 더빙판 무협영화들을 다 봤죠. 〈금강혈인〉(1978), 〈비도권운산〉(1978) 이런 영화들을.

김영진 그 영화들은 나도 중학생 때 본 건데. 되게 오래된 영화인데?

류승완 저는 극장을 일곱 살 때부터 혼자 다녔으니까. 우리 동네에선 1980년대에도 이소룡 영화를 극장에서 하고 그랬어요.

김영진 할리우드 영화는 아버지로부터, 홍콩영화는 삼촌으로부터.

류승완 네, 근데 전 홍콩영화를 더 좋아했어요. 성룡 영화의 영향이 컸으니까. 성룡이 할리우드에 가서 출연한 〈배틀크리크〉(1980)를 보고 나서 제가 그 영화에 기초한 소설을 썼어요. 끄적댄 수준이지만요. 《보물섬》 만화잡지 보고 장태산 화백의 만화를 좋아해서 먹지 대고 그림도 베껴 그리곤 했죠. 그런 거 되게 좋아했어요.

성룡 대백과사전이 아이들 사이에서 유행이었어요. 홍콩 코믹스에서 나오는 1000원짜리 이소룡 대백과사전 딱지도 그랬고. 그런 거 다 사서 갖고 있었죠. 영화평론가 변인식 선생이 낸 '무비스타 시리즈' 생각나세요? 지금으로 따지면 미국 영화배우의 사진 화보 비슷한 책 시리즈가 있었어요.

김영진 조악했던 거.

류승완 네. 생각해보면 저작권 무시하고 낸 것들인데 그런 거 모아서 이소룡, 성룡 사진들 들여다보며 운동 열심히 했죠. 저는 원래 영화배우보다 무도가가 되고 싶었으니까.

김영진 무도가가 되고 싶었던 게 아니라 무술영화에 출연하는 배우가 되고 싶었던 거 아니야?

류승완 무도가, 종군기자, 이런 사람들이 멋있어요. 저는 기자도 되고 싶었어요. 연세대 신문방송학과 가고 싶다고 했던 게 생활 기록부에도 적혀 있을 거예요. 영화배우가 되고 싶다는 마음이 든 건 중학생 때였나. 휘문동에 (액션 배우였던) 거룡이 운영하는 체육관이 있었어요. 동네 형이, 내가 학원 가다가 봤는데 영화 스틸들도 걸려 있고 (거기 가면) 액션 배우가 될 수 있대. 그래서 잠실에 살 때 휘문동까지 갔죠. 근데 그 체육관이 너무 멀어서 못 다녔죠.

유복한 가정에서 자랐는데, 당시 심각하게 집안 사정이 안 좋아졌어요. 중학교 2학년 때 어머니 돌아가시고. 그로부터 10개월도 안 돼 아버지는 어머니 병간호하신 후유증으로 돌아가셨

죠. 저는 스턴트를 직접 할 수 있는 배우가 되고 싶다는 생각이 있었지만 체육관 다닐 돈도 없었으니까. 《한겨레》 신문이 처음 만들어진 해부터 신문을 돌렸어요.

돈이 없어 체육관에 못 가니까 밤에 놀이터에서 혼자 운동을 했어요. 초등학교 태권도부 출신이었고, 아버지 살아 계실 땐 합기도 도장에서 배운 것도 있으니까. 혼자 계속 수련했어요. 밤에 깜깜한 데서 연습하니까 깨진 병에 긁혀서 피나고 낙법 연습하다 돌에 찍히곤 했죠. 놀이터에서 하니까 성룡 영화에 나왔던 놀이터 액션 장면을 흉내 낼 수 있는 거예요. 당구장에서 일할 때는 영업 끝나고 아무도 없으면 당구대를 도구 삼아 액션 장면을 상상하며 혼자 발차기하고 놀았죠. 제가 싸움은 못 했지만 동네에서 유명했어요. 중학교에서 아이들 그런 놀이 하잖아요. 얼굴은 안 건드리고 몸 구석구석 서로 때리며 노는 장난들. 제가 손 안 쓰고 발로만 상대편 때리는 걸 잘해서 아이들이 장난으로 시키고 그랬어요.

김영진 보여주는 걸 좋아했구나.

류승완 그게 아니에요. 온양에서 서울로 전학을 갔으니까 적응하기 위해서. 잠실로 이사했는데 잠실 근처 학교에는 자리가 안 나서 안국동에 있는 학교까지 가야 했어요. 저희 세대에 아이들이 많아서 학생 수에 비해 학교가 모자랐어요. 잠실이 또 8학군인 거예요. 학교를 석 달 동안 못 다녔어요. 갈 학교도 없고, 어머니 돌아가시고 집안상황도 정신없고 해서. 서울 올라와서 공장 상가 건물의 한복집 가게로 쓰던, 주거지가 아닌 곳에서 생활했으니까. 식수가 없어서 옆 교회에 가서 양재기에다 물 받아먹고 살았어요.

마침내 학교에 갔는데, 처음 등교한 날 애들한테 맞았죠. 그래서 아, 여기는 내가 설치고 다닐 데가 아니구나. 바짝 수그리고 다니자. 온양에 있을 때 논다고 했던 애들과는 너무 다르니까. 기가 죽어있었어요.

외롭고 힘들었지만 남산을 보면 그렇게 기분이 좋았어요. 비가 오거나 흐려서 남산이 안 보이면 하루 종일 짜증이 나고. 안국동 중앙중학교에서 남산타워(현 N서울타워)가 잘 보이거든요. 어머니가 한남동 순천향병원에 입원해 계셨는데 거기서도 남산타워가 보여요. 그게 그렇게 위로가 됐었어요. 제가 남산 보는 걸 되게 좋아해요.

집안이 무너지고, 예전에 우리를 찾던 사람들과 연락이 끊기니까 무척 두려웠어요. 살아남아야 한다는 마음이 생겼죠. 제가 자존심이 센 사람은 아니거든요. 어쨌건 이 무리에 끼지 않으면 난 죽는다. 이런 상황으로 무리에 끼려는 습관이 생긴 거예요. 애들 앞에서 재주를 보여주는 것도 그 방편이었죠. 저는 언제나 최고인 적은 없었지만 어떤 집단에서 왕따를 당하거나 처진 적도 없었어요.

김영진 〈짝패〉의 명대사가 생각나는군.

류승완 "강한 놈이 오래가는 게 아니라 오래가는 놈이 강한 거다." 이준익 감독님이 평소 즐겨 말씀하는 걸 제가 갖다 쓴 거죠. (웃음)

김영진 하하. 자, 첫 시나리오 쓴 이야기로 돌아가자.

류승완 아, 「외통수」. 친구들과 단편영화로 찍으려고 했는데 못 찍었죠. 살인사건의 알리바이를 다루는 이야기거든요. 제가 첫 번째로 쓴 장편 시나리오는 「달빛이 사라진 거리」라는 제목인데 박찬욱 감독님 〈야간비행〉 연출부 하면서 썼죠. 박 감독님이 저한테 당신이 쓰시던 워드프로세서를 주셔서 완성할 수 있었어요.

이야기는 그거였어요. 미래의 인류가 다들 생식기능이 망가져서 애를 못 낳나? 못 낳는데 어떤 여자가 임신해. 그래서 임신한 여자를 데리고 추격전이 벌어지는 이야긴데.

김영진 애를 왜 못 낳아?

류승완 그런 게 설명이 안 됐으니까. (웃음) 설명이 됐으면 욕을 안 먹었죠. 읽힌 사람들한테 되게 욕먹고. 박 감독님이 그때 네 나이에 장편 시나리오를 끝까지 완성했다는 것만으로도 가상하다 그러셨어요.

그다음 쓴 게 「똘반」이에요. 제가 고3 때 운동부였거든요. 체조 전공이었는데, 저희 반을 체육반이라고 안 부르고 똘똘 뭉친다고 해서 똘반이라고 불렀어요. 왜 똘똘 뭉쳤냐면, 저희 고등학교에서 4년제 대학을 가는 애들이 체육부 애들밖에 없었어요. 실기가 다 만점이었어요. 제가 턱걸이 테스트해서 처음에 3개 했고 그다음 달에 6개, 그다음 달에 12개, 그다음 달에 24개를 했어요. 24개가 만점이었거든요. 그게 가능한 게, 될 때까지 무조건 맞는 거예요. 15명 한 조가 3분간 철봉에 매달려 있어야 하는데 한 사람이 먼저 떨어지면 다 내려와서 두들겨 맞았죠. 그러니까 옆에 있는 애가 힘이 풀리면 그 옆에 힘 남는 애가 손을 잡아줘서 버티는 거야. 손에 굳은살이 하도 박혀서 영어, 수학 시간에 사포로 손을 문질렀어요. 군대 가면 맞는다는데 저는 고3 때 하도 맞아서 의자에 앉지도 못했어요. 교복이 너덜너덜해진 허벅지에 붙었으니까. 「똘반」은 박찬욱 감독님한테 처음으로 칭찬받은 시나리오였어요. 제 경험담을 쓴 거였으니까.

김영진 디테일이 좋았구나.

류승완 근데 시나리오 공모에선 한 번도 못 붙었죠. 장편 시나리오를 11편 정도 썼는데 하나도 안 팔렸어요. 그나마 성과가 좋았던 게 「부비트랩」이라고, 1990년대 무장공비 사건 소재에요. 무장 탈영병과 간첩이 숲 속에서 만나서 우당탕 사고치고 다니는 이야기였어요. 영화잡지 《프리미어》 시나리오 공모에서 박평식 평론가가 인상 깊었다고 감상평도 해주시고. 1995년인가, 1996년? 그 무렵이었어요.

김영진 몇 살 때지? 스물네 살?

류승완 그렇죠. 그때 「함정」이라는 스릴러 각본도 쓰고, 「상하이 트위스트」라는 필름누아르 각본도 쓰고. 하나도 안 됐어요. 하다 하다 시나리오로는 안 되니까 지금은 전설로만 남아있는 〈변질헤드〉(1996)란 단편을 찍었어요. 박찬욱 감독님이 너무 재미있다고 해서 나 이제 인생 풀리나 보다, 했는데 삼성에서 주최했던 나이세스 단편영화제에 냈다가 떨어졌죠. 1996년이었나 봐요. 〈3인조〉 하기 전인지 끝난 후인지 헷갈리는데 뭘 해봤자 소득이 없고 생활은 점점 힘들어져서 박 감독님한테 "저 영화 그만둬야 될 것 같습니다"라고 했죠. 감독님이 그랬어요. "재능이 있고 없고가 중요한 게 아니라 재능이 있다는 믿음이 중요하다." 그 말씀에 큰 힘을 얻었죠. 아무튼 제가 박찬욱 감독님 〈3인조〉 스태프 일을 했어요. 그때 일하는 걸 보고 제작사 씨네2000의 이춘연 사장님이 저를 예뻐해 주셔서 〈여고괴담〉을 바로 한 거예요.

김영진 곽경택 감독의 〈닥터 K〉(1999)는 어떻게 한 거야?

류승완 그 전에 제가 하다가 그만둔 영화가 있어요. 〈러브러브〉(1991)

라고. 그 과정에서 주변 사람들 통해 제가 일 잘한다고 소문이 난 거예요. 사실, 〈3인조〉 할 때도 저희 집에 돈이 다 떨어져서 중간에 그만뒀는데, 〈3인조〉가 크랭크인 들어가고 몇 회 안 돼서 거기 소품팀에 문제가 생겼어요. 조감독님이 연락을 했는데, 상황이 이만저만하니 네가 아예 소품 담당을 해서 할 수 있겠냐고 부탁했어요. 혼자는 힘들 것 같고 손발 맞는 친구 데리고 가도 되냐고 해서 들어갔죠. 제 이름이 〈3인조〉 포스터에 소품 담당으로 나와요. 연출부가 아니었죠. 일종의 미술 담당을 했어요. 〈3인조〉에서 제가 소품 일 하는 걸 보고 〈여고괴담〉 할 때 또 부른 거죠. 예산이 6억이었던 영화라 미술팀을 따로 못 구하니까. 1톤 트럭 타고 돌아다니면서 폐교문 따고 들어가 소품 주워오고 그랬어요.

김영진 되게 열심히 했다.

류승완 되게 좋은 사수들을 만난 거죠. 프로덕션도 좋았고. 〈3인조〉의 박찬욱, 〈닥터 K〉의 곽경택, 〈여고괴담〉의 박기형, 개성이 전혀 다른 감독님들이었거든요. 박찬욱 감독님은 그 이전부터 저의 정신적 지주였던 분이고. 박기형 감독님한테는 현장의 운영 과정을 배웠고, 곽경택 감독님한테는 영화 만드는 과정의 실무적인 부분을 많이 배웠어요. 감독 생활 초기에 제가 연출부들에게 까다롭게 굴고 힘들게 하는 감독이었던 건, 저보다 뛰어난 재능과 능력을 가진 분들 곁에서 많이 보고 듣고 한 게 컸죠.

김영진 연출뿐만 아니라 영화제작 실무에서 배우는 게 크지?

류승완 그렇죠.

김영진 곽경택 감독이 정이 있잖아. 당신과 잘 맞았을지도 모르겠네.

류승완 곽경택 감독님이 〈친구〉(2001) 조감독을 해달라고 해서, 제가 〈친구〉 초기 시나리오를 본 몇 안 되는 사람 중의 하나예요. 마침 〈죽거나 혹은 나쁘거나〉를 찍을 때라 감독님한테 너무 죄송하다고 하고 당시 함께 작업했던 신재명 무술감독을 추천해줬어요. 그때 곽 감독님이 〈친구〉에서 장동건을 칼로 쑤시는 조폭 역을 저더러 해달라고 하셨는데 제가 너무 설치고 다니는 것 같아 거절했거든요. 아마 그때 감독님 삐치셨을 거야.

김영진 그 명장면을 당신더러 하라고 했단 말이야?

류승완 "마이 묵었다 아이가." 그거 나오는 장면. 제가 했으면 아마 〈친구〉의 그 명장면은 엉뚱하게 나오지 않았을까? (웃음)

항상 어디서나
약간 변방이었죠.

아무것도 없었으니까요.

김영진 〈죽거나 혹은 나쁘거나〉는 2000년 개봉인가?

류승완 2000년 여름에.

김영진 기존 단편들에다 새 단편을 붙였던 거잖아.

류승완 〈죽거나 혹은 나쁘거나〉는 장편으로 썼던 버전이 있어요. '하드보일드'라는 제목의 장편이죠. 연도표기를 안 해서 기억이 가물가물한데. 〈죽거나 혹은 나쁘거나〉 기본 골조라 할 이야기는 분명 있었어요. 그걸 써놓고도 누가 제작을 해주거나 할 수 없어서 제가 단편들로 조각을 내서 형편이 될 때마다 찍은 거죠. 그게 가장 맞는 기억일 거예요.

김영진 그렇게 돼 있던데? 자료에 보면.

류승완 그때 당시에 〈천국보다 낯선〉(1984)이나 〈엘 마리아치〉(1992)나 뭐 이런, 서구의 저예산영화들 제작방식에서 받은 영향이 컸던 거죠. 이런 식으로 쪼개서 하는 게 가능하구나. 〈파업 전야〉(1990)와 같은 초기 독립 장편영화만 해도 제작비가 2000만 원 들었으니까요. 그만큼의 돈을 제가 모을 순 없죠. 독립영화창작후원회에도 지원해봤었는데 저는 대학생 지식인 그룹도 아니었으니까. 저는 지금도 그래요. 인디포럼 작가회의 같은 데 가도 왠지 거리감이 있죠. 독립영화판 가면 쟤는 충무로에서 하는 애, 충무로 가면 영화과 출신도 아니고 라인도 없는 독립영화 출신 애, 이렇게 되는 거죠. 항상 어디서나 약간 변방이었죠. 그러니까 오히려 사람들 이렇게 저렇게 더 만날 수 있었던 것 같아요. 지금도 기억하는 게, 조용규 촬영감독을 처음 만났을 때 용규 형이 저 보고 "네가 류승완이야?" 그랬었어요. 제가 서울예대 나온 줄 아는 사람도 있었고, 영화아카데미 나온 줄 아는 사람도 있었죠. 워낙 빨빨거리면서 사람들 만나러 다녔으니까. 봉준호 형한테도 제가 먼저 전화해서 나 지금 장편 시나리오 쓰는 중인데 당신하고 같이 하고 싶다고 무턱대고 들이댔어요. 20년도 넘었죠.

김영진 대단하다 암튼.

류승완 아무것도 없으니까요. 아무것도 없으니까. 저는 실력 있는 사람, 유명한 사람에 대한 판타지가 있어요. 제가 그런 욕심은 있었던 사람인 것 같아요. 제 또래 혹은 선배 중에 저보다 뭐가 더 낫다 그러면 어떻게 해서든지 인연이 닿아야 해요. 그 사람을 알아서 친하게 지내고 뭔가를 뽑아 먹어야 해. 바짓가랑이라도 붙잡고 떡고물이라도 얻어먹어야 하는 거죠. 살아남아야 한다는 생각이 강했어요. 거지 근성인 것 같기도 하고.

김영진 선배들이 받아줬어? 대체로?

류승완 음, 워낙 귀찮게 하니까. 그러니까 제가 이야기하잖아요. 좋은 사람들 만났다고.

김영진 당신이 이상했으면 안 그랬을 거야.

류승완 제가 옷은 깨끗하게 입고 다니고 그랬거든요. (웃음)

젊은 그 시절이야 뭐, 다들 비리비리했었죠. 저는 저보다 앞서 있는 사람들이 부러웠어요. 어떤 흔적을 남긴 분들에 대한 존경, 지금도 그런 마음이 강하게 있어요. 제 또래들이 임권택 감독님한테 가서 '저 뭐 만든 누구입니다' 이렇게 인사하는 거 보면 엄두가 안 나요. 저는 '아, 감독님은 나 기억 못 하실 텐데' 이러고 있고.

김영진 예전엔 그랬다고?

류승완 지금도 그래요. 말도 더듬고. 임 감독님은 아직도 절 어디 연출부로 아실 거예요. 영화인들 모임 가면 신기해요. 배우들과 있는 것도 믿어지지 않아요. 제가 누구라고 소개하는 것도 어색하고. 영화제나 영화상 시상식에 가서 배우들과 함께 엘리베이터라도 타게 되면 이런 일이 있나, 그저 신기할 뿐이고. 그런 상황에 대처하는 매너나 여타 마음의 준비가 안 되어 있어요. 내가 그렇게 동경하던 영화계에 들어와서 살고 있다는 게 꿈 같기도 하고.

김영진 다시 〈죽거나 혹은 나쁘거나〉 이야기해 보자. 본인에게 의미가 큰 작품이잖아? 원래 장편으로 구상했던 걸 단편으로 쪼개서 완성했는데, 세상에 대한 본인의 느낌이나 생각들이 지금 봐도 여전히 들어와 있는 것 같아?

류승완 〈죽거나 혹은 나쁘거나〉를 본 김지운 감독님이 '콜럼버스의 발견'이라고 생각했대요. '누구나 다 할 수 있었던 건데, 왜 저렇게 못 했을까?' 이 말씀을 왜 드리느냐면, 저는 정말 아무것도 몰랐던 것 같아요. 돌이켜보면 소 뒷걸음질 치다 얻어걸린 것도 많이 있고. 그냥 순수하게 액션영화를 찍고 싶었어요. 스물일곱 살 때까지 산 모든 경험을 쏟아부었어요. 엇갈린 형제의 이야기는 무수한 영화에서 나온 소재였고 패싸움 에피소드에서 계급갈등이 드러나는 건, 제 경험인 거죠. 영화에서 등장인물들이 쓰는 언어들도 제가 친구들하고 썼던 말들이고. 현학적으로 대사를 썼지만, "내가 세상을 바꿀 수 없다면 세상에 나를 맞추는 게 편하지" 이런 건 제 생각들이에요. 지금 보면 완성도도 너무 떨어지고, 마지막의 『예레미야』 인용한 것도 거 참. 이제 그런 영화 찍으면 벌 받을 것 같고 그래요. (웃음) 여전히 종교적인 공포가 있어요.

아무튼, 제 연기도 후지고. 제 영환데 못 보겠어요. 미치겠어요. 자주 하는 이야긴데, 다시 찍으라면 더 잘 찍을 수 있을 것 같은데 그런 에너지는 없겠죠. 그때는 아무것도 모르는 놈이 혼신의 힘을 다해서 찍은 거니까. 질문하신 것에 대한 답을 하

자면, 흉내를 낸 것도 제 흉내를 낸 것이기 때문에, 그때 당시의 저였겠죠.

김영진 깡패영화는 어찌 보면 장르영화 가운데 가장 삶과 밀착한 장르일 수도 있어. 영화의 거짓 환상을 뒤집어 보여주기 때문이지. 〈죽거나 혹은 나쁘거나〉는 '무릇 자기 인생을 지도하는 이는 자기가 아니나니'라는 성경 말씀 인용을 비롯해 영화 결말이 매우 비관적이야. 그건 가난에 시달렸던 당신의 젊은 시절, 삶이 지난했던 것과도 관계있는 것일까.

류승완 〈죽거나 혹은 나쁘거나〉는 제 가치관과는 사실 많이 다른 영화에요. 전 양아치를 싫어해요. 폭력도 싫어해요. 저와 그 영화에 공통점이 있다면 인생은 자기 뜻대로 되지 않는다는 걸 담은 거죠.

김영진 〈죽거나 혹은 나쁘거나〉가 사건이었던 건, 한국에도 액션영화를 보고 느꼈던 쾌감을 영화로 보여주고 싶어 하는 세대가 나타났다는 걸 알려줬기 때문이지. 그런데 더 신기한 것은 여러 액션영화를 인용한 흔적이 많이 나지만 액션 장면 묘사가 진짜로 실제 싸움을 보는 것처럼 실감이 난다는 거였어.

류승완 첫 번째 에피소드 〈패싸움〉(1998)을 찍을 때 액션영화의 모범으로 삼았던 건 성룡 영화였어요. 근데 그게 잘 안됐죠. 배우들도 스턴트맨이 아니고 저도 사실 성룡 영화를 흉내만 냈으니까. 〈현대인〉을 찍을 때는 숱한 액션영화를 보며 머릿속에 입력된 데이터로 액션의 합을 맞추며 찍었는데 촬영 이틀째부터 머릿속에 구상했던 액션의 합이 떨어졌어요. 그때 조용규 촬영감독님이 "지금쯤이면 서로 지칠 것 같은데 그럼 개싸움처럼 가야 되는 거 아니냐"라고 말했죠. 그래서 '에이, 합도 떨어지고 이거 의도였다고 시치미 떼고 가면 되지 뭐' 그런 배짱으로 막싸움을 찍었어요. 해외 영화제에 가서 깜짝 놀랐는데 관객은 초반의 합을 짠 액션이 아니라 서로 엉키고 막 싸우는 후반부의 액션 장면을 좋아하는 거예요. 옛날 한국영화에 장동휘, 박노식이 나오는 액션영화를 보면 합이 안 맞아요. (웃음) 개인적으로 그걸 좋아하는 편은 아니었지만 〈죽거나 혹은 나쁘거나〉의 마지막 장면을 찍을 때는 실제로 싸움 현장에 있는 것처럼 다큐멘터리 느낌을 주자, 이런 식으로 밀고 나갔어요. 〈현대인〉의 콘티는 성룡의 〈비룡맹장〉(1988)식 프레임을 그대로 잡아가면서 동작들을 고스란히 베꼈어요. 너무 똑같이 보여주면 티가 나니까 나름대로 내 스타일의 앵글을 잡는데 〈장군의 아들〉(1990)도 인용했죠. 〈장군의 아들〉에서 가장 좋았던 게 '새의 시점'이었어요. 서극도 인정한 건데, 무술의 원형 동작을 잡을 때 새의 시점인 버즈아이뷰(bird's-eye view) 쇼트가 효율적인 기능을 하죠. 〈현대인〉의 마지막 부감 화면이 그런 느낌을 준 거예요. 그런데 〈현대인〉이 어떻게 탄생한 것인가 하면 연출의 몫도 있겠지만 앞서 말했듯이 조용규 촬영감독님의 역할이 컸어요. 〈죽거나 혹은 나쁘거나〉의 또 다른 에피소드인 〈패싸움〉을 촬영한 후 〈현대인〉을 보여주면서 콘티대로 가자고 하니까 조 감독님이 그러는 거예요. 나는 네가 자유로운 놈인 줄 알았는데 네가 짠 콘티에서 벗어나지 못한다. 답답하다고. 그래서 모두 보는 자리에서 콘티를 박박 찢어버리고 말했죠. "나는 지랄하면서 연기를 할 테니까 형이 찍어." 그렇게 해서 간 거예요. 어쩌면 대단히 이상적인 영화가 된 셈이죠. 믿고 있는 촬영감독이 내가 연출해 가는 상황을 포착해 가고 있고, 나는 그 흐름을 직접 연기해 가니까. 사실 〈현대인〉의 액션 연출은 개인적으로 좋아하는 게 아닌데도 관객 반응이 좋았죠. 사람들이 리얼리즘이라고 칭찬하는 데 놀랐어요. 그때 제가 하고 싶은 것과 잘할 수 있는 것은 다르다는 생각을 했어요. 조금 건방지게 이야기하자면 거칠고 밑바닥 정서를 그리는 남자들의 세계는 누구보다 잘할 자신이 있다, 하지만 그게 내 취향이 아니라는 것이 문제다, 그랬던 거죠. 〈첩혈쌍웅〉(1989)이나 〈영웅본색〉(1986)의 대사들을 막상 제 영화로 하기는 싫어요. 느끼하니까.

김영진 당신이 살았던 경험이 있으니까. 당신 또래에, 문학과 영화를 통틀어서, 스물일곱 살이라는 나이에 당신처럼 직업을 전전한 사람은 없을 거야.

류승완 에이, 직업이라고 하긴 좀 그렇죠. 아르바이트지 뭐.

김영진 당신이 스스로 어떻게 평가하든 〈죽거나 혹은 나쁘거나〉는 꽤 파장이 컸던 영화야.

류승완 제게 엄청 소중한 영화죠. 류승완의 존재와 정서를 세상에 알렸고. 하지만 그 과정에서 류승완의 본질을 떠나 미디어가 만들어낸 류승완이 생겼어요. 〈피도 눈물도 없이〉(2002)가 그랬고 〈아라한 장풍대작전〉(2004)이 특히 그랬는데, 이 두 간격이 얼마나 큰지를 언론 반응에서 느꼈거든요. 그래도 같은 강물에 발을 두 번 담글 수는 없죠. 제 관심사와 환경도 다 변하는 거니까요. 〈죽거나 혹은 나쁘거나〉처럼 에너지 넘치는 영화를 보고 싶으면 그 환경을 돌파할 수 있는 다른 젊은 감독들에게 힘을 실어주면 되는 거였죠. 정말 류승완을 걱정하고 기대하는 평론가나 기자들이라면 영화가 마음에 안 들면 영화를 비판해야 하는데 류승완을 공격하니까 그땐 싫었죠. 영화를 만드는 사람들이 아닌 다른 사람들 사이에서 제 이름이 오르내리는 게 불편했어요.

김영진 〈죽거나 혹은 나쁘거나〉 다음 영화는 인터넷판 〈다찌마와 LEE〉(2000)였지? 인터넷에서만 공개한.

류승완 〈죽거나 혹은 나쁘거나〉 이후 인터넷판 영화 〈다찌마와 LEE〉를 바로 찍었던 게, 미장원이나 카페 어디를 가든 잡지를 펼치면 유지태 아니면 류승완이 나오는 거예요. 무서웠어요. 부모님 돌아가시고 연락 끊겼던 사람들한테서 연락이 오고 그러니까. 그전까지 모든 것과 단절하고 살았는데 과거와 다시 연결이 되기 시작하니까. 빨리 새로운 걸 해야겠다 싶었죠. 어디로 도망가고 싶은 마음이 컸어요. 〈죽거나 혹은 나쁘거나〉 직후는 정말 불안했어요. 잘 모르는 사람들이 '잘한다, 잘한다' 하면서 막 띄우는 걸 받아들이기 어색했죠. 여기서 잘못하면 망가질 것 같고. '얘가 다음에 뭘 할까?'라는 주변의 기대도 컸고, 그래서 정말 말도 안 되는 엉터리 같은 영화, 평론가들이 난감해하는 영화를 한번 만들어 보고 싶었죠. 또 하나 원칙이 만드는 사람이 재미있어야 한다는 것이었는데, 인터넷판 〈다찌마와 LEE〉는 정말 그렇게 원 없이 재미있게 찍었던 영화죠. 디지털 영화라서 가볍게 가야 한다고 생각했는데 그렇게 가볍게 찍은 것이 오히려 도움이 됐어요. 다찌마와 리를 맡은 임원희 선배는 촬영장에서 놀라운 애드리브를 보여줬는데 카메라에 대한 부담과 주위 시선을 의식하지 않았기 때문인 것 같아요. 스태프들도 막 자기 아이디어를 내고, 그런 상황이 제겐 귀중한 경험이었어요. 그 영화를 찍고 나서 제 영화에 대한 비평적 거품도 어느 정도 건혔고, 조용히 자신을 돌아볼 수 있었죠.

김영진 반응도 괜찮았지?

류승완 〈죽거나 혹은 나쁘거나〉 이후 영화제들을 돌아다니고 밴쿠버 영화제에 초청받아 해외에 처음 나가고 하니까 어깨에 힘이 들어갔어요. 그런데 이것도 또 난리가 난 거예요. 솔직히 말씀드리자면 '와, 이제 내가 세상의 중심이구나' 대중도 언론도 내가 컨트롤 할 수 있다는 자만심이 생겼죠. 그 결과물이 〈피도 눈물도 없이〉에요. 훨씬 더 잘할 수 있었는데, 돌이켜보면 되게 게을렀어요. 그때는 제가 굉장히 잘했다고 생각했는데.

김영진 거꾸로 의욕 과잉 아니었어? 이 영화로 결판을 내야 한다는 욕심.

류승완 과했죠. 제가 게을렀다는 지점은, 본질에 충실하지 않았다는 거예요. 일종의 퍼포먼스를 한 거예요. 〈피도 눈물도 없이〉라는 좋은 영화 프린트가 목적이 아니라 '류승완이 이런 걸 해, 이번엔 여자 액션영화야'라는 걸 보여주고 싶었던 것 같아요. 이제 시간이 많이 흘렀으니까 솔직히 말할 수 있는 것 같아요.

김영진 젊었잖아. 그 영화에 출연했던 김영인 선생 말씀이 생각나네. 영화사에서 미팅을 하는데 감독이라고 누가 들어오는 걸 보고 학생인 줄 알았다고. (웃음)

류승완 네. 그때는 젊었죠. 제가 만 서른이 안 됐던 거예요. 스타들하고 처음 일하잖아요. 전도연, 이혜영 같은 선배들한테 '나 현장에서 이만큼 잘하는 사람'이라는 걸 보여주고 싶었던 거예요. 현장에서 난리를 쳐댔죠. 그 에너지를 영화의 본질에 쏟아부었으면 좋았을 텐데. 나이 마흔이 넘으니까 이제 보여요.

김영진 〈죽거나 혹은 나쁘거나〉, 〈피도 눈물도 없이〉도 겉은 액션영화로 포장했지만 거기에 류승완 감독이 있는 거잖아.

류승완 요즘에 드는 생각은, 저는 액션에 재능이 없는 사람인 것 같아요.

김영진 먹고살려면 신중히 이야기해야 할 텐데. (웃음)

류승완 진지하게 드는 생각이에요. (웃음) 저는 액션에 대한 열정이 있고 〈매드맥스〉(2015) 같은 영화 보면 불끈불끈해서 막 어쩔 줄 모르죠. 제 영화에서도 액션 장면을 찍을 때 가장 흥분되고. 액션 장면을 찍으면 현장에서 스태프들 다 힘들어해요. 제가 의자에 안 앉아있으니까. 제가 나서서 막 스턴트를 하고 싶어 하니까. 근데 제가 찍었던 액션 장면들 돌이켜보면 정말 후지다, 그렇게 생각하거든요.

김영진 〈피도 눈물도 없이〉는 당신과 정두홍 무술감독의 인연이 처음 시작된 영화였지. 촬영 초반에는 두 사람의 마음이 맞지 않아 삐걱거렸단 소문이 있었어.

류승완 함께 전체적인 액션 콘셉트를 잡는 건 쉬웠죠. 이 영화의 시나리오에는 무국적 액션이 어울렸고 정두홍 감독도 그렇게 생각

했어요. 이를테면 정 감독이 직접 연기한 '침묵맨'은 철권 오락물에 나오는 듯한, 등장하는 모든 캐릭터의 무술을 다 하는 인물이었어요. 그런 식의 액션 설계에는 문제가 없었죠. 그럼 뭐가 문제였느냐? 무술감독이 동작 설계 위주로 합을 짜면 감독은 편집 리듬을, 촬영감독은 앵글을 잡는 방향이었으면 좋겠다는 마음이었는데, 정 감독은 다 계산했어요. 펀치를 날려도 그 장면이 클로즈업이냐 풀 샷이냐를 고려했던 거죠. 액션 동작뿐 아니라 편집 리듬까지 현장에서 결정하니까 저는 다소 겁이 났어요. 그렇게 찍은 걸 편집실에 들고 갔을 때 잘 살릴 수 있을 것인가. 정 감독이 즉흥으로 내는 아이디어를 받아들이기가 거북했어요. 촬영 중반까지 서로 머리 터지게 논쟁하고 가는 과정이 있었죠. 결국 서로 각자 개성을 이해하고 받아들이게 된 거죠.

김영진 원래 무술감독의 역할은 화면 크기까지 정하는 쪽 아닌가?

류승완 가장 의견을 맞추기 힘들었던 부분이 영화 후반에 나오는 여관 집단 난투극 장면이었죠. 갑자기 정 감독이 총격전으로 가자고 했어요. 장면 액션 콘셉트가 완전히 달라지는 거였는데, 저는 그 장면의 콘티가 불안했고 심지어 현장에서 "나 쪽 팔린다"고 스태프들에게 고백하기도 했어요. 감독 의자에 앉아 있는 제가 콘티에 확신을 갖고 있지 못하다는 게 굉장히 수치스러웠어요. 뭐가 좋다, 나쁘다 결정할 수 없었으니까요. 그때 정 감독이 제게 넌지시 말했죠. 김종학 감독과 〈모래시계〉(1995)를 작업할 때 경험을 들면서 '왜 다른 사람의 생각을 빼먹는 걸 망설이느냐'고 했죠. 김 감독은 현장에서 막히면 스태프들에게 솔직히 털어놓고 막내 스태프에게도 스스럼없이 의견을 물어본다는 거예요. 좋은 시나리오와 로케이션이 있고 출중한 스태프와 연기자들이 있다면 감독은 그걸 조율하면 된다는 당연한 원칙을 〈피도 눈물도 없이〉를 하면서 배웠죠.

김영진 〈피도 눈물도 없이〉에서 마음에 드는 건 뭐야.

류승완 저는 노인네들이 그렇게 마음에 들었어요. 한물간, 퇴물들이 소주 먹고 와서 난리 치는 장면. 그 장면을 세트에서 찍을 때 너무 좋았어요. 지금 생각하면 편집을 너무 쪼갰는데, 투견장 액션 장면이 그랬죠. 그 장면은 드라마의 리듬과 상관없이 찍고 싶었던 장면이었어요. 허문영 평론가가 지적한 대목이 있어요. 인물들을 따라가고 싶은데, 액션이 시작되면 상황 속으로 파고 들어간다는 거예요. 받아들여지기는 하는데 따라가기가 힘들다고 평했죠. 나중에 그런 것을 제 영화의 고유한 리듬으로 만들 수 없을까, 라는 생각을 했어요.

김영진 〈피도 눈물도 없이〉에 대해선 반응이 〈죽거나 혹은 나쁘거나〉만 못했지?

류승완 많은 사람이 〈피도 눈물도 없이〉를 가이 리치나 쿠엔틴 타란티노의 아류작이라고 했어요. 물론 처음부터 강탈 영화에 영향을 받았다고 말했지만 의도는 그들의 영화를 어떻게 돌파하는지 보시라는 거였어요. 스탠리 큐브릭의 〈킬링〉(1956)이나 1990년대 타란티노의 네오누와르 영화 특징을 쿨하게 담는 거였어요. 원인과 결과를 중시하지, 중간 과정에 연연하지 않아요. 〈피도 눈물도 없이〉는 그 틀을 가져오되 정서를 다르게 가고 싶었던 영화죠. 가이 리치 영화를 베꼈다고 하는 사람들에게 그랬어요. 가이 리치 영화에서 7분 넘는 액션 장면을 본 적이 있나? 여자들이 달라붙고 얽히는 장면을 이런 장르영화에서 10분간 본적이 있나? 〈트루 로맨스〉(1993)에서 여주인공이 얻어맞는 거 봤다고? 그게 몇 분이나 되는 줄 아나? 사람들이 징글징글하게 받아들이도록 만들고 싶었죠. 그 영화들의 정서가 쿨하다면 〈피도 눈물도 없이〉는 핫한 정서로 만들었다는 거죠.

해외 영화제 관계자나 관객들은 가이 리치 영화하고 비슷하다고 받아들이지 않았어요. 타란티노 영화와의 연관성도 떠올리지 않았고요. 그때 개인적으로 고민했던 구성은 일명 'Y자 구조'라고 부르는 것인데 사건 중심이 아니라 캐릭터 중심의 구조를 보여주는 거죠. 주인공들의 동선을 순차적으로 교차시키는 게 아닌 두 주인공이 있다고 한다면 첫 번째 인물에게 몰입할 수 있는 시간을 10분을 주고, 두 번째 인물에게 몰입할 수 있는 시간을 또 10분 주고 이 두 인물이 만나서 실시간으로 가 주는 구조였죠.

김영진 그게 〈주먹이 운다〉(2005)였네?

류승완 그런 셈이죠.

김영진 근데, 〈피도 눈물도 없이〉에서 김영인, 백찬기 선생 등이 연기한 퇴물 조폭 할아버지들 말이야. 사무실에서 삼겹살 구워 먹다 백일섭 선생이 연기하는 보스에게 걸려 혼나는 장면이나 처음 등장할 때 땀 뻘뻘 흘리면서 언덕길 올라오는 모습이나 이혜영 씨에게 돈 받으러 갔다가 허둥대다가 정에 이끌리는 장면 같은 것, 그건 온전히 당신 영화에서만 볼 수 있는 정서야.

류승완 물론 제 개인적인 정서겠지만, 저희 집안이 쇠락해가는 과정을 봐서 그런 것도 있어요. 그렇다고 제가 노인네들을 좋아하는 건 아니거든요. 위험한 발언이긴 한데, 노인네들이 안쓰러워요. 얼마 전에 동영상을 봤어요. 지하철에서 노인네들끼리 싸움이 났어. 나이 많은 노인네 셋이 조금 젊은 노인네에게 시비를 걸었는데 젊은 노인네가 세 노인네를 순식간에 쓰러트려. 바닥에 그냥 머리를 찧고. 마음은 그렇지 않은데 몸이 안 따라주는 거예요. 좀 짠하고 그런 게 있죠.

김영진 쇠락하는 것에 대한 남다른 감정이 있다는 거야?

류승완 어렸을 때 유복했어요. 그런데 갑자기 그 모든 게 사라지니까. 많은 걸 누리다가 쇠락했죠. 예전에 〈엄마의 바다〉라는 TV 드라마가 있었어요. 제 집안 이야기와 비슷한 걸 보면 몰입이 잘 돼요. 어려서 본 옛날 영화에서도 영주가 배신당해 몰락했지만 무사들이 똘똘 뭉쳐 복수해주는 그런 내용이 매력적이었거든요. 〈영웅본색〉에서 몰락한 적룡이 택시 운전하고 다녀도 품위를 잃지 않는 모습 있잖아요. 설명할 수 없지만 그런 것에 대한 끌림이 커요.

〈베를린〉(2012)도 그런 이야기라고 생각하거든요. 신념과 가치 체계가 무너졌을 때 덩달아 자기 자신도 무너지는데, 그 무너지는 자신을 세우려고 하는 몸부림을 그린 거죠. 다른 사람이 볼 때 아무 가치가 없어도 몸부림치는 거예요. 〈짝패〉도 그런 이야기죠. 〈아라한 장풍대작전〉에 나오는 도사들도 마찬가지죠. 제가 그런 인물들을 좋아해요. 〈주먹이 운다〉의 최민식도 그 틀에서 설명할 수 있는 인물이죠. 아마 제 무의식에 권력이나 영광은 영원히 지속되지 않는다는 두려움이 있는 것 같아요. 농담처럼 자주 말하지만 반짝 뜨고 마는 것보다 가늘고 오래 가는 게 낫다고 하는 게 어릴 적부터 쌓인 제 생존방식이랄까.

김영진 〈아라한 장풍대작전〉에 이런 장면이 있지. 음식 배달하는 사

람, 구두 닦는 사람 등등을 길게 한 화면으로 따라가면서 저들 이야말로 진정한 삶의 고수가 아니겠냐고 하는. 표나지 않는 삶의 완성, 정진에 관한 류승완식 서명이 있지. 코믹하지만 뼈가 있었어. 걸작을 찍는 줄 알았어. 그 장면까지는. 유머로 정수리를 관통하는 힘.

류승완 그 영화에 관한 선배님 글 아직도 기억하고 있어요. (웃음) 유머를 즐기고 코미디를 좋아하는 건 제 성향인 것 같아요. 어렸을 때부터 TV 코미디 프로그램 〈청춘 만만세〉, 〈유머 일번지〉는 꼭 봤어야 했어요. 웃는 걸 좋아해요. 화도 웃으면서 잊는 거죠. 어쩌면 저는 장수보다는 광대에 가까운 사람인 것 같아요. 화를 내며 정면으로 싸우기보다는 웃으면서 조롱하죠. 또 모르죠. 제 안에서 여럿이 충돌하니까.

절 영화감독으로 만드는 데 가장 큰 영향을 미친 건 성룡의 영화들이에요. 굉장히 폭력적인데 무척 웃기기도 하죠. 형사 영화도 〈더티 해리〉(1971)보다 〈다이하드〉(1988)를 좋아했어요. 유머가 있으니까. 〈보스턴 교살자〉(1968)나 〈더티 해리〉 같은 영화를 좋아하게 된 건 훨씬 나이 들어서예요.

김영진 확실한 성룡 키드지, 당신은.

류승완 〈취권〉, 〈용소야〉(1982), 〈사형도수〉(1978) 이런 영화들은 처음 봤을 때부터 빠져들었죠. 성룡의 움직임에 완전히 매료돼서.

팬으로서 열심히 충성하고 좋아했죠. 〈폴리스 스토리〉(1985), 〈프로젝트 A〉(1983)의 특정 장면들을 보면 지금도 어린 시절에 느꼈던 감정들이 올라와요. 10대 이전에 순수하게, 감으로 받아들인 게 제 영화적 자양분의 원형인 것 같아요. 이를테면 오슨 웰스의 〈시민 케인〉(1941)을 보고 온전히 고개를 끄덕거리게 된 건 20대 때가 아니라 지금이에요. 그 영화를 받아들일 만큼의 경험이나 생각의 힘이 조금 쌓여서 된 건데. 존 포드의 〈수색자〉(1956)도 어려서 TV로 보면서 서부역사에 대한 반성, 뭐 이런 건 당연히 모르고 그냥 존 웨인이 조카 찾으러 가는 게 멋있어서 빠져든 거죠. 윤리, 도덕, 이런 것 때문에 본 게 아니에요. 제가 어려서 본 영화들에 열광했던 건, 학습된 것 없이 순수하게 봤기 때문이에요. 고등학교 때부터 영화잡지들을 보면서 조금씩 그 경험에 지식을 입힌 거죠. 저한테 조류 공포증이 있는데, 앨프리드 히치콕의 〈새〉(1963)를 어렸을 때 TV로 본 영향인 것 같아요. 영화란 게 대단하죠.

김영진 의외로 당신 영화들은 그렇지 않잖아. 〈베테랑〉 전까지는 그런 영화와 거리가 멀었지. 인물이나 인물이 처한 상황이나 잔인하고 비정하고 냉혹하지. 〈피도 눈물도 없이〉도 그랬고.

류승완 심지어 제목들조차 그랬죠.

김영진 성룡 영화에 담긴 인생관과 전혀 달랐지. 성룡은 불굴의 의지로 낙천성을 확인하는 캐릭터를 연기해냈잖아.

류승완 그러니까, 어떻게 보면 〈영웅본색〉의 정서에 더 가까운 거죠. 이를테면 레이먼드 챈들러의 소설에 나오는 냉혹한 세계와도 또 다르죠. 제 영화가 성룡 영화나 챈들러 소설과 다른 것은 궁기죠. 궁상이야 궁상. (웃음)

지금도 그런데, 제가 사람을 잘 못 믿어요. 〈피도 눈물도 없이〉 만들 때도 그런 생각이었죠. 제게 없었던 걸 만든 건 아니죠. 다만 그런 면을 극대화시켜야 뭔가 있어 보일 것 같았어요. 솔직히 말해 그런 쪽을 다뤄야 사람들이 알아주고 열광할 것 같았어요. 극장판 〈다찌마와 리〉(2008) 망하고 힘들었어요. 대인기피증이 생겼을 만큼. 박찬욱 감독님이 그럴수록 밖에 나와야 한다고, 술 한잔 하자고 해서 자리를 했어요. 박 감독님 말씀이 이랬어요. "나는 네가 너 자신에게 충실한 걸 찍었으면 좋겠다. 너한테 충실한 영화는 〈주먹이 운다〉 같은 거야. 너는 촌놈이야. 너는 〈주먹이 운다〉야. 근데 왜 자꾸 세련된 척하냐. 너는 착한 앤데 왜 자꾸 냉혹한 척을 해." 큰 충격이었어요.

〈죽거나 혹은 나쁘거나〉는 제 마음 있는 그대로 나온 영화였지만 〈피도 눈물도 없이〉는 제 마음 안에 과장이 많이 들어간 상태가 드러난 영화죠. 있는 그대로가 아니라 있는 척했던 것 같아요. 오히려 〈아라한 장풍대작전〉이 순수했어요. 제가 하고 싶은 대로 가본 거니까. 영화적인 리듬이 후반부에 처진다는 지적을 받았는데 그건 제가 끝까지 가보고 싶었던 거니까. 선배님이 말한 2000년대 중반까지 제 영화에 나타나는 저의 냉혹한 시선, 사실 지금도 제 시선이 뭔지 잘 모르겠어요. 실제로 저는 신파적인 요소도 많은 사람이고. 제가 아직 저 자신한테 솔직하지 못한 게 아닌가, 이런 생각이 들기도 해요.

제 삶에 지울 수 없는 흔적
하나가 나오는 거죠.

습관처럼.

김영진 〈아라한 장풍대작전〉에서 솔직했던 건 뭐야?

류승완 저만의 순수한 무술영화를 만든 거니까.

김영진 순수한 무술영화에서도 만든 이의 색깔이 드러나는 게 있잖아.

류승완 그 영화에서 잘한 것도 있지만, 실패했던 부분은 알아요. 영화로 철학을 보여주려고 했던 게 잘못됐던 것 같아요. 젠체한 거. 작업 내내 젠체하고 싶은 욕망이 있었던 것 같아요. 인정받고 싶다, 지적인 액션영화를 만드는 감독 소리를 듣고 싶었던 것 같고. 그게 제가 의도한다고 해서 되는 게 아니라는 걸 알았죠. 〈베테랑〉이 그런 측면에서 저에게 가장 솔직한 영화인 것 같아요.

김영진 완전히 빠졌어? 어깨 힘이? (웃음)

류승완 이것도 지나 봐야 알겠지만 〈베테랑〉은 있는 그대로, 아는 척하지 않고 만들었어요. 모든 쇼트를 설명할 수 있어요. 최소한 〈베테랑〉에 나오는 인물들은 제가 다 설명할 수 있는 인물들이에요. 왜 그렇게 행동하는지.

김영진 〈피도 눈물도 없이〉, 〈아라한 장풍대작전〉에 대해 당신은 반성하지만 여하튼 오늘의 당신을 있게 해준 영화잖아. 〈아라한 장풍대작전〉에서 좋았던 게 있어. 우리가 길거리에 다니다 보면 '도를 아십니까?'라며 붙잡는 사람들 있잖아. 나도 30대 땐 길거리에서 자주 붙들렸거든. 40대 이후에는 안 붙어. 붙어도 싸늘하게 무시하니까. 그렇게 우리가 무시했던 사람들의 다른 사정이랄까. 그 사람들의 통찰도 이런 식으로 들여다보는구나, 저런 사람도 도사가 될 수 있겠구나, 라고 생각하게 만드는 그런 시도가 좋았어. 재미있는 접근이야.

류승완 저도 〈아라한 장풍대작전〉의 그런 점을 좋아해요. 제가 〈아라한 장풍대작전〉을 기획한 게, 그때 사무실이 충무로에 있었는데, 밥 먹으러 명동 골목을 다녀보면 일제 강점기 때 건물이 남아 있어요. 그 건물들을 보며 저 안에선 뭘 하고 있을까 생각했어요. 제가 어려서 다니던 합기도 도장에서는 합기도뿐만 아니라 활법, 기공 같은 것도 했어요. 마포 광역수사대 가면 근처에 되게 오래된 태권도장이 있어요. 그런 곳을 보면 그 안이 너무 궁금해요. 저는 길을 가다가도, 예를 들어 천호대교 광진구 쪽으로 보면 거기 은퇴자협회라는 건물이 있는데, 그 안이 너무 궁금해요. 저 안의 사람들은 어떻게 사나. 〈아라한 장풍대작전〉의 출발도 그런 거였어요. 우리 어렸을 때 도장들 많았는데 쿵후영화 유행이 몰락하면서 싹 사라졌잖아요. 그때 도장 운영했던 관장들은 어디서 뭐 하고 있을까? 체육관에서 운동할 때 보면 관장 같은 사람들 절실하게 수련해요. 그렇게 최고의 가치라고 생각하고 어느 경지에 도달했는데 그게 필요 없어진 시대가 온 거죠.

더 거슬러 올라가면, 제가 세르지오 레오네의 서부영화 〈옛날 옛적 서부에서〉(1968)를 (돌아가신)이훈 감독님 집에서 처음 봤어요. 자막이 없었는데 제가 영어를 못하니까 감독님이 설명을 해주셨어요. 특히 마지막 장면 해설이 기억에 남아요. "저게 뭔지 알아? 철로가 깔리고 기차가 다니기 시작하면서 총잡이들이 필요 없어진 시점이 도래한 미국이야. 〈7인의 사무라이〉(1954) 기억나냐? 그 영화 마지막도 사무라이들이 필요 없어진 시대로 끝나잖아." 감독님의 설명이 되게 깊게 남아 있어요. 도(道)나 무(武)의 가치가 사라진 시대에 살아남은 사람들, 그게 출발이었죠. 〈매트릭스〉(1999)나 〈소림축구〉(2001) 같은 영화들의 영향도 컸고. 더 거슬러 올라가면 성룡이 나왔던 영화들, 〈취권〉이나 〈사형도수〉처럼 사부를 만나 학습 받으며 성장하는 영화들의 영향도 있죠. 인터뷰할 때 그런 이야기 많이 했는데, 서양의 슈퍼 히어로와 동양의 슈퍼 히어로의 가장 큰 차이점은 서양의 히어로는 어떤 인자를 타고나서 분명한 계기를 맞아 영웅으로 변하는데, 동양의 히어로는 꾸준한 훈련을 통해 모르는 사이에 영웅이 되는 것 같아요. 가깝게는 머털도사. (웃음) 머리털을 세운 게 알고 보니 모든 도에 통달한 거지.

제가 꽂혀 있었던 게 공부라는 개념이었어요. 어떤 한 분야에 마스터가 되기 위해서 수련하는 과정을 공부라고 한다, 그런 개념들이 매력적이었어요. 그 과정에서 나오는 유머들이 제가 좋아하는 취향이죠.

김영진 당신은 당신이 감화받은 영화나 멘토들의 이야기를 많이 하는데, 내 생각엔 물론 그 영향도 크지만 알맹이는 당신의 내부에서 나온 거라고 생각해. 삶의 경험과 영화적 체험이 만나는 공통분모가 있는데, 거기에 류승완적인 것이 있어. 따지고 보면 당신은 굉장한 시네필도 아니야. 영화를 많이 본 듯하지만 좋아하는 영화는 편중돼 있고. 당신에게 맞는 영화만 좋아하지.

류승완 맞아요. 저는 본 영화 반복해서 보는 사람이에요.

김영진 당신의 영화적 취향은 어떤 거라고 생각해? 성룡에 대해선 일편단심이지?

류승완 예전부터 제가 열광했던 작품들은 결코 미적인 것을 이해해서 그런 게 아니에요. 스필버그를 비롯한 많은 상업영화 감독들이 1차 모니터를 자신의 아이들을 상대로 한다는 이야기를 들었어요. 집중력 없는 아이들을 집중시킬 정도의 리듬을 만들어 내는 걸 보면 참 무섭다는 생각이 들죠. 꽤 오래전부터 지능적인 영화 만들기를 생각했어요. 어차피 자기가 하고 싶은 말은 시나리오에 다 나와 있는 거고, 할리우드의 고전 장르 영화들이나 1980년대 장르영화를 보면 뭔가 공식화할 수 없는 법칙들이 존재하거든요. 누구나 하는 말일 수도 있지만 영화를 보면 컷, 평균 지속 시간, 롱테이크와 숏테이크를 어떤 단위로 쓰고 있는지를 관찰하죠. 성룡 영화를 보면, 1980년대에 〈폴리스 스토리〉, 〈프로젝트 A〉를 만들던 시절에 이미 할리우드에서 흉내 내지 못하는 앵글을 사용했어요. 어떤 액션을 가장 과격하게 보여줄 수 있는가를 고민한 흔적이 역력하죠. 그 시절부터 2.35:1 사이즈를 활용하기 시작했고, 어떻게 액션이 비어있지 않고 리듬을 타는가를 보여줘요.

성룡의 발차기를 실제로 보면 정말 후지다고 해요. 저 사람이 성룡인가 싶다는 거죠. 근데 프린트로 보면 너무 놀랍다는 거예요. 앵글, 프레임 수, 그러니까 저속으로 떨어뜨리는 프레임 수, 커팅 포인트를 최대한 활용하는 거죠. 성룡을 여러 대의 카메라로 찍는데 그중에서 가장 좋은 화면을 사용하죠. 액션은 기술적인 것이 중요해요. 우리의 경우 기술적인 부분을 너무 간과하는 경향이 있었는데 장르영화 발전에 가장 중요한 게 기술이에요.

김영진 당신을 흔히 말하는 시네필이라고 부르기에는 좀 그렇지.

류승완 그러니까요. 전 새로운 것에 두려움이 있어요. 항상 남들이 봐서 확인이 된 다음에야 저도 봐요. 영화제에 가서도 어떤 정보 없이 선택한 영화를 보면 실패할 때가 많아요. 안목이 높은 사람이 아니고, 정통 시네필도 아니죠. 새로운 것을 두근두근 좋아하는 사람도 아니고. 저는 제가 좋아하는 것만 보죠. 며칠 전에도 우리 애들하고 〈다이하드3〉(1995) 다시 보는 그런 사람이니까. 저 되게 보수적인 사람이에요. 그런 측면에서는.

김영진 내가 이야기하는 건, 이를테면 루저들에 대한 양가감정은 학습된 게 아닌 류승완적인 것이라는 거지. 〈옛날 옛적 서부에서〉를 보며 이훈 감독이 했던 말에 영향받은 것보다는 자기 삶의 경험에서 축적되고 내장된 게 더 커 보인다는 말이야.

류승완 이렇게 볼 수 있겠죠. 제 안에 있었던 걸 알지 못했는데 누군가의 말을 통해 발견하는 거죠. 그래서 제가 늘 배운 사람에 대한 콤플렉스가 있어요. 대화할 때 인용을 엄청나게 하는 박찬욱 감독님을 보면서 위축되고.

김영진 당신 매력은 그런 쪽이 아니지.

류승완 내가 뭘 인용하면 뭐가 안 맞아. 말한 사람과 연결이 안 되거나. 지적당해. 짜증 나서 말 안 해. 신경질 나. 자꾸 들켜. (웃음)

김영진 가만 보면 참, 류승완 감독은 한국영화 르네상스의 수혜자야. 앞으로 당신 같은 사람 나오기 힘들어.

류승완 저는 아내와 자주 그런 이야기 해요. 전 운이 진짜 좋은 것 같아요.

김영진 〈아라한 장풍대작전〉은 전작 〈피도 눈물도 없이〉가 흥행이 안 됐음에도 불구하고 찍을 수 있었지?

류승완 그렇죠. 근데 그때는 그게 가능한 시절이었어요. 투자자이기도 했던 시네마 서비스의 강우석 감독님이 〈피도 눈물도 없이〉 대본 보고 돈 못 벌 거라는 걸 아셨대요. 그냥 류승완 한 사람 밀어준다는 생각으로 투자하셨던 거고. 〈아라한 장풍대작전〉도 돈을 벌긴 했지만 수치로는 관객 300만이 안 됐었잖아요. 어쨌건 〈아라한 장풍대작전〉이 면을 세우긴 했죠. 그 영화 외국에 많이 팔렸어요.

김영진 강우석 감독 그때 대단했지. 지금 생각하면 강우석 감독도 그땐 젊었는데 말이야. (웃음)

류승완 몇 년 전에 충무로에서 김태용 감독과 길을 걷고 있는데 강우석 감독님이 탄 차가 지나가는 거예요. 차 문이 쓱 열리길래 잽싸게 달려가서 인사했죠. (웃음) "감독님, 안녕하십니까?" "어, 류승완 얼굴 보기 힘들다. 잘 나간다고 너무 하는 거 아냐? 너 상업영화 누가 데뷔시켜줬지?" "네. 감독님이십니다." (웃음) "다음에 우리 회사에서 한 편 하자." "네, 알겠습니다. 근데, 저기 김태용 감독은 인사 안 하는데요?" 일렀죠. 뒤늦게 사태를 파악한 김 감독이 달려와서 인사하니까 강 감독님이 똑같은 말씀을 하시는 거예요. "야, 김태용, 너 데뷔 누가 시켜줬어?" "감독님이십니다." "잘 나갈 때 한번 같이 하자." 그러고 떠났는데 김태용 감독은 지금도 강우석 감독님이 무섭다고. (웃음)

김영진 왜?

류승완 민규동 감독과 같이 연출한 〈여고괴담 2〉(1999) 기술 시사회 할 때 이야기에요. 강우석 감독님은 맨 앞자리에 앉으셨고 그 뒤에 김태용, 민규동 감독 앉아 있는데 영화 시작하고 얼마 뒤에 강 감독님이 줄담배를 피우면서 욕을 하시더라는 거예요. "에이 시팔, 에이 시팔" 이러시면서. 두 데뷔 감독이 잔뜩 얼어 있는데 시사 끝나고 강 감독님이 그랬대요. "야, 수고했고. 편집 조금만 더 손보자. 다음엔 더 잘 찍자고. 알았지?" 그러고 가셨대요. 푸하하. 그때 강우석 감독님 나이가 지금 제 나이보다 젊어요.

김영진 〈피도 눈물도 없이〉가 상업적으로 실패해서 부담은 없었나? 다음 영화는 이에 김 끼고서라도 웃기는 영화 하겠다는 말도 했었던 거로 기억하는데. (웃음)

류승완 〈피도 눈물도 없이〉가 손해 안 볼 줄 알았는데 박살이 나니까 이러다가 충무로에서 몇 편이나 더 할 수 있을까 싶었죠. 마지막 기회라고 생각하고 영화를 찍자고 다짐했죠. 그러다 보니 이왕이면 '세게' 질러야겠다 싶어서 진짜 하고 싶은 영화를 한

거예요. 〈아라한 장풍대작전〉은 〈죽거나 혹은 나쁘거나〉 만들 때보다 훨씬 절실했고 자기 통제도 더 강했어요. 제가 무인도에 갈 때 들고 갈 영화 리스트에 낄 영화를 만들어야겠다는 마음이었죠. 당시 영화판에서 류승완이 어설프게 주류영화를 만들려고 어쩌고저쩌고했던 건 정말 모르고 하는 이야기들이었어요. 〈아라한 장풍대작전〉은 누구 눈치도 안 보고 소신대로 만들었어요. 이에 김 끼고서라도 웃기는 영화 하겠다고 작정했으면 회사에 빌붙어서 적당한 예산에 대충 웃기는 배우 몇 명 데려다가 액션 찍고 그랬겠죠.

김영진 아무튼 용해. 꾸준히 영화를 연출하고. (웃음)

류승완 이현승 감독님이 정말 신기하다고, "너는 300만 넘는 게 하나도 없는데 어떻게 10년 동안 영화를 계속 찍냐?" 그러셨죠. 〈주먹이 운다〉가 흥행이 안 됐는데, 칸 영화제 상영하면서 역전의 기회가 있었고 그 운이 〈다찌마와 리〉 극장판이 망하면서 다했던 거죠. 진지하게 이직을 생각할 만큼 심각했으니까.

김영진 얼마나 걸렸지? 〈다찌마와 리〉에서 〈부당거래〉 찍기까지?

류승완 〈다찌마와 리〉가 2008년이고 〈부당거래〉가 2010년이었습니다.

김영진 햇수로는 안 길었잖아.

류승완 저한테는 굉장히 긴 시간이었죠. 매년 영화를 찍었고 후반 작업할 때 항상 다음 영화를 준비했는데. 그전까지만 해도 제가 어디서 움직이면 반가워하고 만나자고 그랬던 사람들이 저를 피했어요. 사람들이 다 바빠. 시사회에서 만나 악수해보면 〈다찌마와 리〉 때와 〈부당거래〉 때 사람들의 악력이 달라요. 〈부당거래〉 끝나고 한재덕 대표와 그런 이야기 많이 했어요. '좆 같다'고. 그전까지는 시사회에서 인사하면 멀리서 눈 마주치고 인사했던 사람들이 사람들 헤치고 다가와서 인사하니까. '새끼들 그럴 줄 알았어.' (웃음)
근데, 저도 신기해요. 함께 1990년대를 비리비리하게 보냈던 사람들이 2000년대의 포문을 열었으니까. 어쨌건 너무 좋았던 게 박찬욱 감독님이 선봉에 서서 가시니까. 제가 늘 하는 이야기가 〈죽거나 혹은 나쁘거나〉를 지금 공개했다면 눈에 띄지도 않았을 거예요. 그때 당시에는 독립 장편영화가 없었고, 류승범처럼 연기하는 배우도 없었고, 액션영화가 한국의 주류가 될 거라는 생각을 아무도 못 했으니까. 지금은 액션이 주류 장르가 됐잖아요. 제 아내도 하는 말이 당신은 액션감독이라는 이미지를 고수했으니 살아남은 거다. 그런데 그렇다고 제가 세계 영화계를 뒤집을만한 액션 시퀀스를 만들어낸 것도 아니잖아요. 이 바닥에서 어떻게든 살아남은 것뿐이죠.

김영진 〈부당거래〉까지 간 건 운이라고 생각해?

류승완 운도 있었지만, 쉬지 않고 작업 사이클을 돌린 것도 있었다고 봐요. 저는 쉬질 않았거든요. 〈부당거래〉 찍기 전까지 쉴 땐 CF를 찍었죠. 사무실도 유지해야 하고 회사 직원들 퇴직금을 마련해야 했으니까요. CF 찍는 동안에도 다음 영화를 준비하고 있었으니까. 어쨌든 계속 생산하니까 투자사에서도 이 새끼가 다음엔 뭔가 터트리지 않을까 하는 거죠. 전 어쨌든 그라운드에서 계속 뛰긴 뛴 거죠. 흥행 성적이 좋건 나쁘건.

김영진 가만히 보면 영화적으로나 생활로나 다산형 인간이야. 아이도 셋이나 낳았고 영화도 끊임없이 만들고.

류승완 가난이 제게 준 선물은 행동하는 데 익숙하게끔 만들었다는 거죠. 어딘가 비빌 구석이 있으면 쉽게 행동에 못 들어가지만 그렇지 못하면 그저 내지를 수밖에 없어요. 밀리다가 밀리다가 막히면 앞으로 나가야지 어떻게 해요. 더 이상 뒤로 갈 데가 없는데. 또 하나, 신의 축복이라면 재주가 별로 없다는 거예요. 저는 시나리오를 잘 쓰지도 못하고, 연출력이 뛰어나지도 않고, 인간관계도 별로예요. 그러니 무조건 만드는 수밖에 없어요. 할 게 없으니까. 부지런하다기보다는 이게 장점이 아닐까. 사람들은 저를 액션영화라는 범주에 몰아넣지만, 〈아라한 장풍대작전〉 이후 저의 작품 카테고리가 굉장히 넓다는 걸 스스로 알았죠. 아마 저의 초기 인터뷰를 본 사람들은 제가 갖고 있는 뮤지컬과 슬랩스틱, 갱스터영화에 대한 관심을 느꼈을 거예요. 좋아하는 폭이 넓다 보니 스스로를 종잡을 수가 없었죠. 하지만 실행하는 데서 쾌감을 느꼈어요.

김영진 다음 작품은 〈주먹이 운다〉였지.

류승완 그 영화를 만들기 몇 년 전에 권투 선수를 다룬 두 편의 다큐멘터리를 봤어요. 한 사람은 거리에서 매를 맞으며 돈을 버는 전직 복서, 또 한 사람은 소년원에서 복싱을 배우면서 마음을 잡으려고 하는데 비극이 닥치는 인물. 그들의 인생이 한 영화 안에서 만나면 어떨까 하는 생각에서 출발했어요. 피와 주먹질이 난무하는, 아주 사소한 이야기가 될 것이라고 봤죠. 〈아라한 장풍대작전〉과 달리 다시 길거리로 나가서 영화를 찍어야겠다고 생각했어요.

김영진 개봉 당시엔 나는 〈주먹이 운다〉 클라이맥스에서 관객을 더 들었다 놨다 할 수 있었다고 생각했어. 두 주인공의 가족들이 경기장에 늦게 도착하고 그들의 반응화면을 장면에 넣는 걸 감독이 꺼린다는 인상을 받았지. 뭘 그렇게까지 절제하나 싶었거든. 지금은 나도 생각이 다르지만.

류승완 그냥 아주 무식한 이유로 그렇게 하고 싶었어요. 작가적 선택, 뭐 이런 게 아니라. (웃음) 마지막 라운드 3분이라는 시간 안에 가족들 질질 짜고 하는 걸 보여 주기 싫은 거예요. 두 사람이 링에서 싸우는 걸 보여주는 게 더 중요하니까. 경기가 끝나고 나면 가족들하고 감정을 해소할 시간이 충분히 남아 있는데 내가 왜 금쪽같은 시간을 그들에게 배분해 줘야 하는가. 안 그래도 가족들의 반응 화면을 다 찍어놓긴 했어요. 카메라 두 대 돌리면서. 그런데 6라운드까지 오면 관객들도 두 주인공을 마치 다 아는 사람처럼 느끼게 될 거라 믿었죠. 좀 더 관심 있는 관객은 '내 심정도 이런 데 그걸 지켜보는 가족들 심정은 오죽할까'라고 미루어 짐작하기를 기대한 거죠.

김영진 〈주먹이 운다〉에서 강태식 분량과 유상환 분량은 화면 톤 자체를 다르게 찍었지.

류승완 결정적으로 쇼트 분할 방식이 달라요. 유상환의 분량은 카메라 배치가 되게 다양하죠. 그건 커트 단위로, 쇼트 단위로 연기했다는 뜻이죠. 조명도 세밀하게 설계하고. 강태식 역의 최민식 선배가 농담처럼 그랬어요. "상환이에겐 조명도 잘 쳐주면서 난 말이야, 만날 길거리에서 찍고 말이야." (웃음) 강태식 쪽은 마스터 쇼트 연기를 많이 한 거예요. 카메라 두 대를 이용해서. 배우들의 연기 스타일을 최대한 활용하고 싶어서 그렇게 한 거죠. 최 선배는 긴 호흡의 연기를 할 때 다양한 에너지가 표출되는 배우예요. 적어도 〈주먹이 운다〉에서는 그랬죠. 그러다 보니까 전체적으로 강태식 쪽 이야기에 점프 컷들이 많아요. 그 사이를 배우의 호흡으로 메우는 거죠. 제 콘티 계산

대로 찍은 건 유상환 분량이고 강태식 분량은 완전 방임형 연출을 했어요. 맥주가 받는 사람이 있고 소주가 받는 사람이 있듯이 영화 연출도 감독마다 맞는 스타일이 있는 것 같아요. 〈주먹이 운다〉 연출 스타일이 육체적으로나 정신적으로나 편했어요. 그전에 〈죽거나 혹은 나쁘거나〉 때는 한 장면 한 장면이 바로 제작비와 직결되니까 힘들었고, 〈피도 눈물도 없이〉 때는 〈죽거나 혹은 나쁘거나〉 팀이 다시 뭉쳐서 하니까 모두 의욕이 넘쳐서 우리에게도 드디어 기회가 왔다는 흥분에 에너지를 주체하지 못해서 힘들었고, 〈아라한 장풍대작전〉 때는 기술적으로 끊임없이 뭘 만들어내야 하는 스트레스 때문에 힘들었죠. 그런데 〈주먹이 운다〉 때는 가령 서른 컷을 준비하고 나갔는데 열 컷밖에 못 찍어도 어떻게 되겠지, 하는 생각에 마음이 편한 거예요. 처음엔 제게 안 좋은 습관이 배인 건 아닌가 하는 생각도 들었는데 그런 것 같진 않았고.

김영진 평소 사회적 약자에 관심이 많아?

류승완 제가 그렇게 아량이 넓고 배포가 큰 사람이 아니에요. 주변의 루저에 대한 관심, 그런 이야기를 하시는데. 제가 그런 사람들에게 관심이 있는 게 아니라 제 삶에 지울 수 없는 흔적 하나가 있어서 그게 습관처럼 나오는 거죠.

아까 말했듯이 〈주먹이 운다〉도 제가 일부러 찾아낸 이야기가 아니라, 우연히 본 다큐멘터리에서 힌트를 얻은 거예요. 승범이가 연기했던 주인공의 실제 모델에 대해선, 제가 그 애의 정서를 너무 잘 알겠더라고요. 최민식 선배가 연기한 주인공의 모델도 마찬가지예요. 신주쿠 한복판에서 얻어맞으며 돈 버는 전직 복서였는데, 제가 길바닥에서 하염없이 방황했던 기억이 났던 거죠. 그 시절에 돈이 정말 필요해서 길거리에서 자해공갈할 생각까지 했었거든요. 낙법을 할 줄 아니까 차도로 뛰어들어 일부러 사고를 당하려고 했죠. 다행히 그렇게 하진 않았지만. 어떤 영화라도 제가 아는 이야기를 해야 편하게 풀어갈 수 있으니까요. 영화 속에서 승범이가 살던 좁은 영세민 아파트는, 저희가 어려서 살던 곳과 똑같이 생긴 곳이에요. 미술감독님한테 똑같이 그려줬어요. 승범이가 세트장 처음 들어올 때 "형, 기분 이상하다"라고 그럴 정도였으니까요. 우리가 살았던 곳과 똑같이 만들어놨으니까. 그런 공간에서라야 승범이 할머니 역으로 나오는 나문희 선생님의 궁상이 자연스레 연기로 나오는 거니까. 조용규 촬영감독님도 "너 수서 살던 그 집 같다"라고 그랬죠. 제가 잘 아는 이야기니까 〈주먹이 운다〉 연출은 수월했어요. 영화가 신파라고 공격이 많았는데, 후회하지 않는 게, 울지도 못하는 사람들 마음 놓고 울게 만들어서, 저도 울고 싶은 그런 심정을 해소하고 싶었어요. 영화 속 등장

인물이나 이 세상의 그 비슷한 처지에 있는 사람들을 위로한다는 것보다는. 저도 머리로는 힘든 사람들, 실패한 사람들과 함께하고 손을 뻗고 싶긴 하지만 실제 삶에서는 어느 순간 진심으로 그들과 함께하지 못하는 어떤 순간들을 느낄 때가 있어요. 제가 세상의 모든 사람을 구할 수 없잖아요. 예수도 아니고. 그런 말과 행동을 취하면 그게 위선이 될 거란 생각이 들죠.

김영진 영화에도 그런 대사 나오잖아.

류승완 천호진 선배가 최민식 선배에게 그러죠. "너만 힘든 거 아니다." 그게 저의 태도예요. 누구나 힘든 순간이 있다는 것.

김영진 아까 클라이맥스 장면 이야기를 했지만, 좀 더 관객을 울렸어야 한다고 봤지만, 지금 생각은 좀 달라. 그 영화에는 연민이나 동정이 없었던 거지. 대신 공감이 있지. 그것들은 서로 다른 거야. 연민이나 동정은 수직적인 태도의 산물이란 말이야. 상대를 위에서 아래로 내려다보지. 공감은 달라. 그건 수평적인 거라고. 서툰 연민이나 동정보다는 공감이 더 정직하고 센 거지.

류승완 저는 사람을 잘 못 믿어요.

김영진 나도 그래. 겉으로는 연대한다고 해도 따지게 돼. 그 사람의 인간성을.

류승완 둘 이상 모이면 배신해. 인간은. (웃음)

김영진 그럼에도 불구하고 당신 영화에는 인간에 대한 기본적인 신뢰

인간 쌘드백이 돼어
스트레스 풀어 드립니다
남자 1분 여자 2분
만 원

가 있는 게 아닐까. 거기서 류승완적인 게 나오는 것 같은데.

류승완 연민, 공감. 저는 그런 거 생각해본 적이 없어서 저한테는 어려운 것 같아요. 사실, 얼마 전 10주년 기념으로 영상자료원에서 상영할 때 그 영화를 다시 봤잖아요. 저는 선배님과 다른 입장이에요. 제가 인물들과 정말 거리를 뒀다면 엔딩에서 가족들이 화면에 들어오는 식으로 하지 않았겠죠. 물론 클라이맥스에서 균형이 무너지긴 했죠. 하지만 제가 말할 수 있는 건, 제가 사람들과 같이 봐도 자신 있게 볼 수 있는 영화가 〈주먹이 운다〉예요. 배우들이 카메라 앞에서 진짜 권투를 해버렸거든요. 최선을 다해 만든 배우들의 몸 상태가 화면에 솔직하게 나오는 거죠. 편집할 때 고생 많이 했어요. 세 방향에서 찍은 모든 화면이 다 쓸 만한 거예요. 기술적으로 거칠고 세련되지 못한 부분은 분명히 있지만, 〈주먹이 운다〉는 온전히 저의 판단과 생각으로 찍은 영화였고, 배우들의 대사에도 동정심이 들어 있긴 하지만 온전한 제 말들이 많아요. 봉안묘에 들어간 자기 아버지를 보면서 승범이 캐릭터가 "죽어서도 좁은 데 있네"라고 말하는 장면 같은 거죠. 몇 년 전에 꿈에 그리던 가족묘로 모시기 전까지 제가 할머니를 좁은 봉안묘에 모신 게 항상 한이었어요. 〈주먹이 운다〉의 그 장면은 일부러 만든 대사가 아니라 온전히 제 심정이 들어간, 승범이 연기도 그렇고.

〈주먹이 운다〉에는 그런 순간들이 많았어요.

〈주먹이 운다〉를 만든 후 사람들이 하도 신파라 하니까 저도 이 영화에 정이 안 갔어요. 시간이 흐르고 나니까 영화가 촌스러워도 그때 그게 나였다는 걸 알겠어요. 오히려 시간이 흐르면 흐를수록 그 영화가 저의 필모그래피에서 소중해졌어요. 많은 사람이 〈부당거래〉를 제 연출의 전환점이라고 하지만 제게는 〈주먹이 운다〉였어요. 최민식이란 거물 배우를 만나 연기를 보는 방식, 연기를 어떻게 연출해야 하는 건지, 감독한다는 것은 어떤 건지를 깨쳤죠. 처음부터 끝까지 이 영화가 마음에 드는 건 아니지만, 최소한 장난치지 않았고 상대적으로 순수하게 찍은 영화예요. 남들 의식하지 않고. 〈피도 눈물도 없이〉와 〈아라한 장풍대작전〉을 찍을 땐 사람들이 나를 어떻게 평가할까 계산이 있었거든요. 〈주먹이 운다〉는 최민식과 류승범이라는 배우가 있다는 자신감으로 시작했기 때문에 남들 눈치를 덜 봤던 것 같아요.

김영진 배우들이 좋았지. 캐릭터도 당신이 좋아하는 취향이고.

류승완 승범이가 연기한 유상환 캐릭터에 대해선 여한이 없어요. 근데 딱 하나 후회하는 게 있어요. 제 게으름에 대한 후회인데, 〈주먹이 운다〉 홍보차 일본에 갔을 때 최민식 선배 캐릭터의 실존 모델을 만났어요. 현지 TV 방송 인터뷰였죠. 그가 영화를 보고 나오는 자리에서 제가 인사하는 상황을 연출하는 거였는데, 그때 생각하면 소름이 끼쳐요. 그분이 그러는 거야. "감독이 여자였으면 내가 뽀뽀를 해줬을 텐데." 제가 전혀 생각지도 못한 유머를 이분이 탁 치고 나오는 거야. 그 말을 듣는 순간 '나 영화 잘못 찍었다'라는 생각이 들었어요. 내가 왜 이 사람을 촬영 전에 안 만났지. 이 사람을 만나고 영화를 찍었더라면 하는 후회가 밀려왔죠. 밤늦게까지 그분과 술을 마시는데, 정말 쾌활하고 재밌고 멋있는 분이었어요. 그분, 얼마 전에 돌아가셨어요. 제가 〈주먹이 운다〉에서 후회하는 건 딱 그거. 내가 정말 책임감이 있었으면 이 영화의 모델이 되는 사람을 만나러 와야 했는데, 라는 생각. 그랬다면 훨씬 더 유쾌한 인물로 그렸겠죠.

잘한 것도 있어요. 유상환의 실제 모델인 서철이란 친구한테는 큰 도움을 못 받았지만 서철하고 같은 감방 동기한테는 도움을 많이 받았어요. ○○○이라는 친구예요. 얘가 인천 깡패 출신인데, 이놈이 자기 조직생활을 정리하려고 도망 다닐 때였어요. 제가 그때 호텔 들어가서 시나리오 쓰고 있었거든요. 너 어디 갈 데 없으면 형이랑 지내면서 네가 겪었던 일 이야기 좀 해라, 그래서 같은 방을 쓰게 된 거야. 제 전화기 들고 잠깐 사라졌다가 오고. 와서는 "형님, 모르는 전화번호 찍히면 받지 마세요" 그러고. 얘가 도망 다니던 처지였으니까. (웃음) 이놈이 영화작업 하는 걸 옆에서 보니까 신기한 거예요. "영화배우 하면 재밌습니까?" 들이대는 거예요. "꿈도 꾸지 마, 새끼야. 너는 안 돼." 다른 거 할 생각하라고 그랬는데도 며칠 있다가 자기가 운동을 했으니까 스턴트 같은 거 하면 안 되냐고 졸랐어요. 정두홍 무술감독한테 전화해서 이만저만해서 그러니까 빡세게 굴려서 살아남을 놈 같으면 거둬주고, 아닌 것 같으면 발도 못 들이게 해라 해서 보냈더니 이놈이 버텨낸 거야. 최근에 두 작품에서 무술감독을 했어요. 제 영화엔 복싱 트레이너로 나오고 이후에도 현장에 계속 나왔어요. 지금은 액션스쿨 메인 무술감독 중 하나예요. 제가 〈주먹이 운다〉에서 잘한 게 그거죠.

김영진 지금 그 영화를 찍으면 다를 것 같아?

류승완 지금 제 나이가 그때 최민식 선배 나이야. 10년 전이니까. 제가 지금 〈주먹이 운다〉를 만든다면 40대의 캐릭터를 다르게 찍겠죠. 그 점에서 선배님 의견과 제가 다르다고 할 수 있는 게, 전 주인공들을 약간 동정하는 시선으로 바라본 것 같아요. 몰락한 나의 아버지를 보는 느낌이었죠. 그때는 최 선배한테 기댄 것도 컸고. 내가 경험해보지 못한, 지나온 길이 아니었으니까. 촬영 방식도 달라요. 승범이 쪽 드라마 콘티는 굉장히 정교하게 짜여 있어요. 승범이도 그렇고 저도 그렇고 그 상황을 잘 아니까. 최 선배 쪽은 반대죠. 점프 컷도 많아. 최 선배를 화면 안에 풀어놓고 채집을 한 결과죠. 저는 지금도 철들고 어른이 된다는 걸 모르겠는데 그땐 훨씬 더 철이 없었고, 안하무인이지 않았을까. 이런 사람도 있고 저런 사람도 있는 건데 잘 몰랐죠.

김영진 당신 철 안 들었다는데 일찍 철들었잖아. 사람들한테 들이대고. 누구에게나 잘 맞춰준다며. (웃음)

류승완 그건 먹고살려고.

김영진 그게 철든 거지.

류승완 자존감이 없잖아. (웃음) 자존감이 없어요. 저는 자존감 있는 사람이 제일 부러워요.

김영진 사람이 아무리 고통에 처해있어도 당신처럼 그러기 쉽지 않아. 옷 잘 입고 멀쩡하게 다니고 겉으로 밝은 사람도 드물어.

류승완 근데 제가 궁상 안 떨고 다닌 게 얼마 안 돼요.

김영진 나는 드문드문 봐서 잘 모르는 거구나.

류승완 죽는소리 그만하라고 다들 그러죠. (웃음) 저는 유머를 해도 나의 궁기를 약간 자학하는 유머를 해.

김영진 그래도 유머가 있잖아. 인상 쓰지 않고.

류승완 저는 어떤 연예인들이 방송에 나와 미국 가서 시계 팔며 고생했다고 울고 그런 모습 보여주는 게 싫어. 저는 웃는 게 좋아요.

근데 요즘 유행하는 유머방식에는 고민을 좀 하죠. 일베나 디씨 사이트를 들어가 보면 지금 세대가 너무 조롱에 익숙한 게 아닌가, 라는 생각이 들고.

김영진 유머와 조롱은 다른 거 아냐? 유머는 자기 조롱까지 포함해야 유머야. 남들 까는 건 유머가 아니야. 〈개그콘서트〉에서 외모 비하하며 웃기잖아. 그런 건 유머가 아닌 것 같아.

류승완 예전에 〈유머일번지〉 같은 코미디 프로그램이 TV로 방영될 때가 나았어요. 제가 영화에 빠지기 전에 TV 보는 걸 되게 좋아했어요. 프라이보이 곽규석이 사회 보는 〈쇼! 쇼! 쇼!〉 이런 프로그램 보고. 지금도 기억하는 건, 성룡이 내한해 방송 출연했을 때 프라이보이 곽규석이 질문하면 성룡이 반말로 대답을 했어요. 뭘 물어보면 "몰라!" 이러고. 그럼 곽규석이 "아니, 어디서 누구한테 반말을 배웠어?" 그러고. 어렸을 때 봤는데 기억에 남았거든요. 〈베테랑〉에서 써먹었죠. 러시아인들이 반말로 경찰 취조에 응하잖아요.

김영진 〈짝패〉는 스스로 어떻게 생각해? 〈짝패〉는 처음이자 마지막으로 주연을 맡은 영화이기도 했고.

류승완 좀 더 일찍 만들어 출연했어야 하는 영화였어요. 액션을 제가 원하는 만큼 못 찍었어요. 영화 들어가기 전까지 20대 몸 상태로 만들 수 있다고 생각했는데, 제가 원했던 것보다 커트가 많은 영화가 〈짝패〉에요. 첫 액션 시퀀스 들어가고 십자인대가 끊어져서 완전 멘붕이었죠.

김영진 그건 배우로서 하는 이야기고. 우석훈 박사가 이 영화를 좋아했잖아. 한국의 지역 토호들이 토건 사업으로 부를 늘리는 방식을 조명한 사회파 액션감독의 작품으로 높이 칭송했고. 순수 액션영화처럼 보이지만 사회 비판적 시선도 있고, 충청도 사투리를 맛깔나게 쓰는 지역색 매력도 있고. 우정과 배신과 권력에 관한 상당히 많은 게 들어 있단 말이야.

류승완 〈짝패〉로 제가 해보고 싶은 건 다 해본 것 같아요. 그 영화에 담은 걸 들여다 봐주는 사람들이 적었어요. 그 영화에선 끊임없이 재개발 분위기를 강조하는 가운데 드라마와 등장인물이 움직이거든요. 배경으로 나오는 놀이공원도 폐쇄된 놀이공원이고. 쇠락해가는 세대가 기성세대가 됐는데, 아직 주류에 편입되지 못한 그 사람들이 치고 올라오는 젊은 세대에게 느끼는 공포, 이런 걸 보여주고 싶었죠. 제가 〈짝패〉를 찍고 돌이켜 보니까 화법을 배운 것 같아요. 그냥 내지르는 게 다가 아니라는 거죠. 상대가 들을 준비가 되어 있어야 하고. 〈짝패〉를 본 사람들이 많이 하는 이야기가 드라마가 빈약하다, 연기가 어색하다, 뭐 그런 평을 하는데요. 정두홍과 류승완이 아닌 이범수에 대한 연기는 사람들이 칭찬한단 말이죠. 저한테 사람들의 선입견을 넘어설 수 있다는 자만심이 있었던 것 같아요. 그렇지만 사람들은 정두홍과 류승완에 대한 선입견을 못 넘어선 거죠. 〈부당거래〉 이후 마음을 바꿨죠. 저는 박찬욱 감독님이 왜 스타들을 캐스팅 못 해 안달인지 이해를 못 했는데 이제 알겠어요. 익숙한 길잡이들을 데리고 가야 내가 원하는 낯선 목적지로 갈 수 있다는 교훈을 얻었죠. 〈짝패〉는 〈주먹이 운다〉와는 다른 지점에서 저에게 소중한 걸 줬어요.

김영진 정두홍이 연기를 잘 못 하는 건 사실이지.

류승완 그래도 그만큼 연기를 뽑아낸 게 또. (웃음)

김영진 이범수가 잘한 것도 있지만 이범수가 맡은 캐릭터 자체도 매력적이었어.

류승완 저도 써놓고도 참 좋았어요.

김영진 그 이상 매력적일 수가 없지. 배신자 캐릭터로서.

류승완 〈짝패〉도 예산이 없어 정말 찍고 싶었던 이미지를 못 찍은 게 있어요. 사람을 호수에 빠트려서 떨어지면 거기 되게 많은 사람이 빠져 죽어 있는 거예요. 그 동네 역사가 그렇게 계속 전개돼 왔다는 걸 보여주고 싶었는데 예산이 없어서.

김영진 괜찮은 이미지인데 그거.

류승완 '원스 어폰 어 타임 인 충청.' (웃음) 〈짝패〉는 음악도 되게 좋았어요. 그런데 〈짝패〉도 클라이맥스 액션 장면이 〈킬 빌〉(2003)

을 베꼈다는 비아냥을 들었고 스트레스가 심했죠. 제가 무모하고 무식했던 것 같아요. 익숙함과 새로움을 어떤 식으로 조합해야 하는가를 배웠던 것 같아요. 그런 점에서는 전 운이 굉장히 좋은 편이죠. 제 영화로 경험한 것을 학습해서 앞으로 나갈 수 있으니까. 딱 긴장을 놓치지 않을 수 있을 만큼 적당하게 망하고 적당하게 성공하고. (웃음)

김영진 〈짝패〉도 중반까지는 사실적인 배경으로 전개되는 거 아니냐. 후반부에 세트가 나오면서 정형화되고 옛날 영화 스타일로 싸우고. 영화광의 기호가 튀어나오지. 톤이 일정하지 않지. 톤의 구조 때문에 말하기 좋아하는 사람들이 시비 건 걸 수도 있지.

류승완 제가 다시 찍는다면 후반부 액션 장면의 세트를 그렇게 안 했을 것 같아요. 김영빈 감독님의 〈나에게 오라〉(1996)에서 최민수 선배가 싸우던 한옥 요정과 비슷한 분위기, 그 정도로 정리했겠죠. 그래도 그때는 그게 최선의 선택이었으니까.

김영진 〈짝패〉는 당신이 테크니션의 면모를 제대로 보여준 영화이기도 해.

류승완 그때는 저만의 노하우로 갖고 있으려 했는데 〈주먹이 운다〉에서도 은근히 프레임 변화가 많았어요. 눈에 띄지 않게, 겉으로 안 보이게 했다뿐이지 제가 시도하고 싶은 테크닉은 다 해봤어요. 덕분에 촬영팀이 되게 고생했죠. 찍을 때마다 프레임 수를 계속 바꾸니까. 할리우드 액션영화에서는 사람들이 무겁게 떨어지는데 홍콩영화에서는 소품이 부서지면서 떨어지는데도 사람은 되게 가볍게 떨어지는 걸 보셨을 거예요. 프레임 속도의 차이 때문인데, 21프레임이냐 22프레임이냐 아주 미세한 차이예요. 고속 촬영도 48프레임이냐 60프레임이냐에 따라 차이가 나고.

김영진 그동안 당신을 인터뷰한 걸 돌이켜보니까 〈짝패〉 끝냈을 때부터 당신이 매체를 다루는 자신감이 생겼다고 할까, 영화가 당신 몸에 붙는 모양이라고 생각한 적이 있어.

류승완 예전에 제가 느낀 혼란은 그런 거죠. 감독이 모든 것을 다 알아야 한다는 강박. 그래서 제가 모르는 부분을 안 들키려고 혼자 해결책을 찾으려 애썼죠. 그렇게 따지면 원맨 시스템으로 만들어야죠. 그럴 바엔 툭 까놓고 스태프한테 맡기는 게 맞다는 걸 알았어요. 스태프와 배우를 고를 때 고민하는 이유가 그들의 장점을 취하기 위해서라면 그들이 내가 못하는 부분을 해줘야 같이 일하는 의미가 있지 않나요. 감독들은 원래 설명이 잘 안 되는 선택을 할 때가 많아요. 예전 같으면 스태프들이 현장에서 감독의 그런 선택을 약간 제어하려는 측면이 있었다면 지금은 필모그래피가 좀 쌓이다 보니 으레 그러려니, 하고 받아들이는 거죠. 저 역시 좀 더 귀를 열게 되고. 영화가 공동체 작업이라는 걸 새삼 몸으로 느껴요. 계속 그런 식으로 저 자신이 변해왔다고 느끼기도 하고.

김영진 〈짝패〉 액션의 가장 매력적인 점 중 하나는 두 주인공의 지쳐가는 모습이었어. 시간이 흐르면서 그들의 피로를 관객도 느끼는 거지.

류승완 그 당시 류승완의 액션영화 만드는 방식을 두 가지로 나눠보면요, 첫 번째로 1번부터 10번까지 매 쇼트를 차례대로 촬영해서 이어붙이는 방식이 있고, 두 번째로 1번부터 10번까지 중간중간 마스터 쇼트를 연출해놓은 뒤 카메라 세트업을 몇 대 해놓고 한 번에 죽 찍어서 나눠서 편집하는 방식이 있어요. 대구 본정통에서 벌어지는 액션 장면 촬영의 경우 촬영 자체는 롱테이크였어요. 그걸 나눠서 짧은 샷으로 연결했지만 이어지면서 생기는 감정의 흐름은 분명 다르거든요. 첫 번째 방식처럼 나눠서 촬영할 경우 1번 쇼트를 찍고 2번 쇼트를 세트업하는 동안 쉬게 되면 배우는 감정이나 몸이 회복된 상태에서 2번 쇼트에 임하게 되죠. 그건 상황이 아니라 쇼트를 찍는 거예요. 그런 점에서 두 번째 방식으로 나누지 않고 쭉 찍은 본정통 액션 장면은 사람이 지쳐가는 게 보이죠. 첫 번째 무리를 마주치고 내지르는 발차기와 애들한테 몰리다가 나중에 나가는 발끝이 달라요. 그렇게 마지막에 이르러서는 인물들의 체력이 끝까지 소모돼서 신발의 무거움까지도 느껴지게 하고 싶었죠.

김영진 〈짝패〉는 인물들의 충청도 사투리를 효과적으로 쓴 최초의 누아르 액션영화 아닌가?

류승완 충청도 사투리 느낌이 없었으면 그냥 스타일리시한 액션영화가 됐을 걸요. 개인적으로 청년회장(김병옥)의 손가락이 잘리는 사우나 장면을 가장 좋아하는데, 사람들이 사투리를 어눌하게 쓰면서도 할 말은 다 하죠. 그런데 템포도 안 맞고 감정도 엇박자라 오히려 더 냉혹한 느낌을 줘요. 경상도나 전라도 사투리에 비해 충청도 사투리는 영화에서 잘 안 쓴다는 것도 있고. 박찬욱 감독님이 〈쓰리, 몬스터〉(2004)에서 보여준 것처럼 충청도 사투리가 품는 엉뚱한 유머 감각도 있죠. 그런 지역적 요소가 〈짝패〉를 한국 정서에 더 달라붙어 있게 한 것 같아요. 외국인은 〈짝패〉를 철저히 장르영화로 보겠지만 국내 관객은 현실적인 영화로 볼 거예요. 사투리가 럭셔리하게 들리지 않으니까 엉뚱하면서도 쿨하고, 폼 잡지 않는 영화가 된 거라고 생각해요. 액션영화의 폼이 어떤 한계점을 넘어서면 거부감이 생기는데, 〈짝패〉는 폼 잡지 않아서 몰입하기 쉽지 않았을까요.

김영진 그래, 충청도 사투리가 중요한 영화였다.

류승완 주인공들이 충청도 사람이니까. 아무리 심각한 상황에서도 주인공들이 입만 열면 분위기가 달라지죠. 근사하게 폼 잡은 주인공을 카메라가 훑어보면 "한번 뎀벼봐아"라고 할 때 바로 이상해지는 그런 느낌이 재밌죠. 실제로 충청도 건달들이 사람을 칼로 찌를 때 당하는 상대가 "야, 그만 찔러 인마" 하면 "아유, 조금만 더 찌르구유" 하는 그런 살벌한 면이 있어요. 진짜 액션영화의 문법, 인물의 동작이 명확하게 보이는 영화를 찍으려고 했어요. 액션영화의 쾌감이란 결국 배우의 동작과 편집의 느낌에서 나오죠.

그 사람들 아니었으면,
사라졌을지도 몰라요.

충무로에 작은 흔적을 남기고 사라지는
수많은 별똥별 중의 하나로.

김영진 잠깐 〈다찌마와 리〉 이야기를 할까?

류승완 제가 〈주먹이 운다〉를 만들고 약간 독립영화 제작방식처럼 〈짝패〉를 만들었잖아요. 연달아 같은 방식으로 극장판 〈다찌마와 리〉를 만들었으니 패착이죠. 좀 다른 제작방식으로 갔어야 했죠. 제 과거의 영광에 매였던 것 같아요. 저는 지금도 〈다찌마와 리〉를 시퀀스 단위로 낄낄대고 즐기며 보거든요. 근데 관객이 유머를 받아들이더라도 자극적인 유머를 받아들일 수 있는 한계 시간이라는 게 있는데, 그걸 무시하고 달렸던 것 같아요. 관객이 두 시간 동안 극장에서 볼 수 있는 영화가 아닌 거죠. 미국 드라마 보듯이 20분 단위로 쉬면서 보는 거라면 모를까.

〈짝패〉 끝나고 충무로에 빙하기가 도래했을 때였어요. 제가 하려고 했던 피 칠갑 액션영화는 투자가 안 됐죠. 〈야차〉라는 영화, 좀비들이 나오는 시대극 액션영화가 엎어진 게 타격이 컸죠. 제가 기획한 영화가 엎어진 건 〈야차〉가 처음이에요. 회사에서 준비한 다른 영화들도 안 되고. 달콤한 독약을 마신 거죠. 인터넷판 〈다찌마와 LEE〉가 나름대로 화제성이 있었으니 극장판으로 다시, 과거의 영광을 재연하면 되지 않을까 하고.

그랬더니 많은 사람이 류승완의 재능은 여기까지야, 하다 하다 안 되니까 재가 재탕을 해먹은 거잖아, 이렇게 된 거죠. 그리고 충무로 지형이 바뀌었고. 투자실무자들도 세대교체가 돼서 류승완이 뭔데? 300만 관객 동원한 영화도 없는 사람인데, 했던 거죠. 또 제가 일찍 데뷔해서 제 또래 신인감독들보다 통제하기도 어렵고 불편한 사람이 된 거죠. 믿고 투자하기에는 흥행한 작품이 없고.

김영진 본인은 지금도 그 영화를 즐긴다?

류승완 그렇다니까요. 전 관객들도 아무 생각 없이 웃고 즐기는 영화를 만들고 싶었어요. 또 한정된 예산으로 제가 할 수 있는 것을 보여주고 싶었고. 이 영화는 총 30회차 촬영으로 마무리된 영화에요. 한국영화계에서 그 정도 규모의 액션영화를 30회 촬영 분량으로 마무리하는 건 힘든 일이에요. 함께 꾸준히 작업해온 스태프들과의 호흡이 좋았기 때문에 가능했죠.

영상자료원 가서 숱한 영화를 보며 아예 재미있다고 생각되는 대사를 베껴 적었어요. 예전 영화의 그 말도 안 되는 문어체 대사들의 재미를 옮겨오고 싶었죠. 그때 미국 드라마를 TV로 보면서 '20분 이론'이라는 걸 생각했는데요, 20분이 지나면 광고 때문에 드라마가 일단 중단돼요. 그 사이에 시청자가 다른 데로 채널을 돌리지 않게 하기 위해 궁금증을 불러일으

키면서 끝내는 거죠. 그때까지 제 영화에 리듬감이 없다는 지적을 많이 받았고 그것 때문에 고민이 많았는데, 처음부터 끝까지 일정한 리듬이 있는 영화를 만드는 걸 늘 염두에 두고 있었어요. 〈다찌마와 리〉는 그 선상에서 즐길 수 있는 영화였으면 좋겠다고 생각했는데 호응을 받지 못한 거죠.

김영진 그 뒤로 잠시 연출로는 한 2년 공백기가 있었고. 〈해결사〉 제작은 언제 했지?

류승완 〈해결사〉는 2010년 개봉이에요. 제가 투자받으러 20세기 폭스 미국 본사까지 가서 프레젠테이션했어요. 한국의 모든 투자자에게 다 거절당해서.

김영진 까였어?

류승완 그쪽은 〈황해〉(2010)를 선택했죠. 그런데 한국영화 르네상스 시대를 같이 열었던 배우와 감독들의 공동체가 남아 있었던 것이, (설)경구 형한테 대본을 전달한 게 2008년 부산 국제영화제 무렵 〈해운대〉(2009) 부산 촬영장에서였거든요. 그리고 1년 투자를 못 받고. 하다 하다 안 돼서 LA까지 갔는데도 안 되니까 희망이 없더라고요. 그때 경구 형 〈해운대〉 무대인사 다닐 때였어요. 휴대폰으로 장문의 문자를 날렸어요. 제가 아마 뮤직비디오 찍고 있을 때였을 거예요. '하는 데까지 했는데 제 능력이 여기까진 것 같습니다. 기다려 주셔서 감사합니다'라고 했더니 경구 형이 무대인사 하는 중간에 전화를 한 거예요. "나는 이게 될 거라고 보니까 기다릴게. 잡고 있을 테니까." 일주일 뒤에 NEW에서 투자 결정이 났고. 지금도 경구 형한테 너무 고맙죠. 결과적으로 추석 시즌에 개봉해서 아주 큰 흥행은 아니었지만 회사를 다시 굴릴 수 있는 이익은 남겼죠. 그때 〈부당거래〉 제작 의뢰가 들어와서 완성하고. 평가가 좋아서 재기할 수 있었던 거죠. 완전히 전락할 뻔했던 위기를 넘어서고.

김영진 근데 CF 〈타임리스〉(2009) 단편 찍을 때 겉은 멀쩡해 보였는데, 당신.

류승완 그럼 뭐, 어떻게 해요. 옷은 깨끗하게 입고 다녀야지. 2005년에 〈주먹이 운다〉 할 때예요. 허진호 감독님이 〈외출〉(2005), 김지운 감독님이 〈달콤한 인생〉(2005), 이명세 감독님이 〈형사〉(2005) 만들었는데, 이 감독들이 부산 국제영화제 때 한 테이블에 모인 거야. 이명세 감독님이 다들 조용히 있는데 "얘들아!" 이러면서 맥주를 따르더니 "이럴 때일수록 우리가 옷 깨끗하게 입고 다녀야 해!" (웃음) 그러시는데, 제가 그 옆자리였는데 이 감독님이 수염을 길이가 안 맞게 잘랐어. 무슨 땀복 같은 거 입으시고서는. (웃음)

아무튼 그때 〈다찌마와 리〉 이후 2년간은 속이 되게 썩어있을 때였어요. 딸내미 학원 보낼 돈이 없어서 주차장에서 끌어안고 "아빠가 다음번에 보내줄게!" 그러고. 그때 장인어른 돌아가시고. 외적으로 내적으로 힘들었어요.

김영진 〈타임리스〉 마지막에 두 주인공이 싸우다가 달리기하면서 화해하는 건 정두홍 무술감독 아이디어지?

류승완 그렇죠. 정두홍 감독 에피소드에요. 군대 가려는 후배가 고민이 많아서 입대 전에 정 감독을 만났는데 함께 운동장을 구토할 때까지 뛰었대요. 그러니까 자기가 왜 왔는지 생각을 못 하더래요. 물만 찾고 아무 말도 안 하더래요. 이게 죽을 고민이 아니구나, 깨닫고 갔다는 게 제 기억에 남은 거죠.

김영진 정두홍 무술감독 이야기 좀 더 해봐.

류승완 인터넷판 〈다찌마와 LEE〉 연출한 후에 액션 테크닉에 갈증이 많았어요. 다음 레벨로 구사하고 싶은 게 있었는데, 여하튼 정두홍이 최고였으니까요. 〈피도 눈물도 없이〉는 전도연이라는 최고 스타가 함께하는 영화인데 다 신참이잖아요. 정두홍이라는 스타 무술감독이 우리를 받쳐준다는 안전핀 같은 게 필요했죠. 정 감독이 액션스쿨을 조직해서 하고 있으니까.

〈피도 눈물도 없이〉 땐 저나 정 감독이나 다 애 같았어요. 돌이켜보면. 둘 다 뜨거운 기운이 있는 사람들이니까 늘 부딪치고 덜컥거렸죠. 제가 잘한 건 그 사람을 무술감독이자 배우로 기용했다는 거죠. 조금 불편한 게 있었는데 찍는 과정에서 그 사람에 대해 존경심이 생겼어요. 생각해보면 그 사람도 저도 현장에서 퍼포먼스를 했던 거죠. 나 감독이야, 나 무술감독이야, 서로 보여주려고 한 거죠. 〈아라한 장풍대작전〉 하면서 현장 규모가 커지고 힘든 일들이 많았어요. 나 이걸 마지막으로 저 사람과 다신 안 할 거라고 결심하는 순간도 있었는데 굉장히 힘든 고비를 넘기고 나니까 유대감이 생겼어요. 서로 의지가 되더라고요.

김영진 계기가 뭐야?

류승완 현장에서 이건 되네 마네 그러고 의견 엇갈리고, 이런 상황이 계속됐죠. 힘드니까 누구 하나 희생양으로 잡아야겠고. 괴로웠죠.

그런데 제가 기본적으로 육체노동 하는 사람에 대한 존경이 있거든요. 얼마 전에 승범이와 카페에서 몇 시간 동안 차 마시며 이야기하는데 근처에서 공사를 하는 거예요. 타일 붙이는 아저씨가 혼자서 일하고 있었는데 승범이와 이야기하면서도 눈은 그 아저씨에게 가 있었어요. 자기 육체를 사용해서 노동하는 사람에 대한 존경이 있어요. 얼마나 힘든지 아니까. 현장에서 스턴트맨들은 자기 육체로 노동을 하거든요. 자기가 연습 한 만큼 나오니까. 근데 정 감독은 몸 상태도 안 좋은데 그걸 이겨내요. 제가 정두홍한테 약간 막 대해요. 막 대해도 먹혀. 편해진 거예요.

김영진 받아줘?

류승완 놀려먹는 게 재밌어요. (웃음) 어느 순간 되게 의지가 돼요. 지금도 의지가 되고.

김영진 당신은 기가 세?

류승완 저는 세지 않아요. 남들은 제 기가 세다고들 말하는데.

김영진 센 척하는 거야?

류승완 네. 약간. 좀 힘들죠. 그러니까 촬영 끝나면 맛이 가지. 제가 사람 눈치 진짜 많이 보거든요. 그러니까, 제 나쁜 버릇이 뭐냐 하면요. 예를 들면 선배님이 저보다 세. 선배님한테 스트레스를 받아. 그 스트레스를 저보다 약한 사람한테 풀어요. 최악이잖아.

김영진 그렇지. 최악이지. 그거 꼰대들이 하는 거 아냐. 촬영감독한테 불만 있으면 촬영부 막내한테 막 하는 거.

류승완 "내가 이거 치우라고 했잖아 이 개새끼야!" (웃음) 근데 지금은 많이 고치고 있는 것 같아요.

김영진 나이가 좀 든 것도 플러스 요인이 되겠지.

류승완 이게 들키는 게 싫은 거죠. 내가 약하다는 게, 들키는 게 싫은 거예요. 지금 생각해보면 그런 것 같아요. 그래서 소리도 더 지르고. 요새 그걸 깨달았어요.

김영진 맨날 깨달았대. (웃음)

류승완 〈베테랑〉 할 때는 제일 괜찮았던 것 같아요. 나이가 든다는 장점은 그런 것 같아요. 예전에는 제가 어리다는 걸 의식하며 감독의 자리를 과시하고 싶었던 것도 있었죠. 사람들이 나를 항상 지켜보고 있다고 생각했거든요. 근데 지금은, 저는 영화를 만드는 사람이지 감독 퍼포먼스를 보여주는 사람이 아니잖아요? 제일 큰 변화가 마케팅할 때 제 이름을 빼달라고 요구하는 거예요. 현장에서도 스틸 작가나 메이킹 찍는 사람에게 나를 찍지 말고 주인공이나 스태프들 찍으라고 하죠. 그런 변화들이에요. 중요한 건 내 영화를 만드는 거고 관객의 반응을 보고 싶은 거죠. 내가 연예인도 아닌데. 그러니까 현장에서도 좀 편해지는 것 같아요. 제가 현장에서 소리 진짜 많이 질렀거든요. 심지어 사람 때린다는 소문이 날 정도로. 스트레스 쌓이면 여전히 빡빡하게 굴 때도 있지만.

김영진 액션 장면을 찍을 땐 현장에 긴장감이 있어야 하니까.

류승완 액션도 연기하는 행위인데, 제가 성질 낸다고 통제되는 게 아니니까. 10년 동안 배웠단 말이죠. 성질 내도 안 된다는 걸. 안 될 때는 그걸 찾는 게 감독의 역할인데.

김영진 〈베테랑〉 현장은 좋았어?

류승완 제 느낌은 좋았어요. 즐겁고, 편했고, 기댈 데도 있었고. 〈주먹이 운다〉 현장도 좋았고, 〈부당거래〉 현장도 좋았어요. 〈부당거래〉야말로 제가 완전히 최악으로 몰린 상태에서 이게 마지막일 수도 있겠다는 생각에 끝까지 가보자고 했던 거니까. 에너지가 최고로 넘쳤던 곳은 〈짝패〉 현장이었죠.

김영진 〈부당거래〉 이야기를 해보자. 당신 영화는 그때까지 어딘가 과잉이라는 비판을 받곤 했는데 〈부당거래〉는 연출에 안정감이 붙고 완숙미가 느껴진다는 평이 지배적이었어. 당신 스스로 의식했던 리듬감도 상대적으로 탄탄해지고. 무엇보다 톤이 균일했잖아. 끝까지.

류승완 〈부당거래〉도 황정민 선배가 맡은 최철기 형사의 죽음 장면이 약간 튀죠. 그건 만드는 내내 알았는데, 장사가 너무 안되니까, (웃음) 이렇게 해서라도 주인공에 대한 연민의 틈을 줘야 하지 않나 했던 거죠. 음악도 그 대목에서 되게 과해져요.

김영진 내가 이 영화평에서 최철기 형사의 죽음을 비판했지. 류승완 감독의 좋은 점이 뭐냐면 내 평을 여기저기 인터뷰에서 꼭 언급을 해. '김영진 평론가가 이런 지적을 했는데 충격받았어요.' 이러면서 인용을 해.

그 영화에서 최철기가 죽는 게 장르적인 관습에 따른 것이냐, 실제로 죽어야 마땅하냐는 거지. 류승완이 좋아하는 거장들의 장르영화에서 주인공이 죽을 땐 어떤 비극적인 장엄함이 있는데 류승완의 영화에선 그게 없다, 장엄함이 없어도 되지만 류승완의 영화 주인공들에게 자존감이 있었으면 좋겠다, 우리가 존경을 느꼈으면 좋겠다고 썼지. 난 류승완 영화의 주인공들이 좀 행복해졌으면 좋겠는데, 이러니까 당신이 다음 영화에선 웬만하면 인물을 죽이지 않겠습니다, 그랬는데 〈베를린〉에서 또 인물을 죽였어.

류승완 아니, 근데, 그때 선배님의 지적이, 그 결과가 〈베테랑〉이에요. 진짜로.

김영진 그런가?

류승완 안 죽어요. 진짜 아무도 안 죽어요. 깜짝 놀란 게, 내가 만든 영화 중에 단 한 사람도 안 죽는 영화잖아? 이래요 진짜.

김영진 하하.

류승완 〈부당거래〉는 너덜너덜한 상태로 대본이 왔어요. 별로라고 주변에서 다 말렸어요. 이거 왜 하냐고. 무슨 말인지도 모르겠고, 복잡하다는 거죠. 제가 꽂혔던 건, 정치 드라마에 꽂혔거든요. 정치권을 다룬 드라마가 아니라 어떤 특정 세계에서 정치적인 영향을 주고받는 게 좋았죠. 제가 좋아했던 드라마가 〈하얀 거탑〉. 한국사회의 축소판이잖아요. 조직사회 안에서의 개인이 살아가야 하는 문제를 담았으니까. 〈부당거래〉에 제가 관심 있는 모든 게 들어있는 거예요. 〈부당거래〉가 제게 큰 전환점

이 됐죠. 황정민 선배가 〈피도 눈물도 없이〉에서 정재영 선배가 맡은 역할의 최종 후보였어요. 그때 정 선배를 캐스팅한 거였고, 〈부당거래〉 때는 황 선배나 저나 승범이나 다들 약간 안 될 때였어요. 예산도 평균 이하였고. 류승완은 여기 까진가보다, 산소 호흡기 대고 한다는 식으로 말들이 돌았죠. 좋은 스태프들을 다 속여서 했죠. 신인이 하는 저예산영환데, 뭐 이런 식으로. 근데 미팅 가서 보니까 앉아 있는 사람이 류승완이었던 거죠. (웃음) 스태프들이 류승완 어려운데 한번 도와줘야지 그랬어요. 이 영화는 충무로의 의리가 만들어낸 결과물인 것 같아요. 김민재나 이희준 같은 배우도 주류영화로 올라올 수 있었고 사람들이 저를 보는 시선도 좀 달라졌죠. 그 자신감으로 〈베를린〉을 만들 수 있었던 것 같아요.

김영진 의리네 의리. 충무로에 남아 있는 의리. 사람 못 믿는다더니 믿을 건 사람밖에 없네.

류승완 뭐, 그때그때 다르지만, 그렇죠. 결국 사람이 만드는 거니까. 그 사람들 아니었으면, 그냥 사라졌을지도 몰라요. 충무로에 작은 흔적을 남기고 사라지는 수많은 별똥별 중의 하나로.

김영진 엄살이 심해. 그건 슬럼프였지. 절체절명의 위기는 아니었고. 그때 영화계 지각변동이 굉장히 심했으니까.

류승완 모든 권력이 자본으로 이동한 상태였으니까. 자본은 절 못 믿었고. 〈부당거래〉 하면서 스태프들과 호흡이 잘 맞았어요.

김영진 〈부당거래〉 했던 그 스태프들이 그대로 〈신세계〉(2012)로 간 거 아냐.

류승완 그대로 갔죠. 〈부당거래〉에 나왔던 배우들도 대부분. 정말 희한하게 손발이 잘 맞았어요. 〈부당거래〉는 제가 마지막으로 찍은 필름영화예요.

김영진 〈부당거래〉는 왜 성공했다고 생각해? 흥행 잘 된 거 아니야?

류승완 그렇죠. 270만이니까, 예산 대비 적잖은 성공이죠. 저한테는 비평이 좋았던 게 더 의미가 컸고. 〈부당거래〉가 해외 영화제에서는 그렇게 인기 있진 않았어요. 한국사회의 현실에 대해 잘 모르고, 그리고 그 대사들, 번역될 수 없는 대사들이 많았으니까. 이게 말로 싸우는 영환데 말을 이해할 수 없으면 재미가 없죠. 이 영화는 그 무엇보다도 제게 자기 확신을 준 것 같아요. 300만을 넘진 못했지만 사람들은 700만이 넘은 〈베를린〉보다 270만 나온 〈부당거래〉가 훨씬 성공적인 영화라고 인식하니까. 저한테 있어서는 뜻깊은 영화예요. 재활수술에 성공한 기분이었어요. 제가 순수하게 배우들에게 좋은 감정을 갖기 시작했던 것도 〈부당거래〉부터였어요. 배우들을 좋아해야 된다는 의지 없이 좋아할 수 있게 됐죠.

김영진 그전엔 안 그랬어?

류승완 조금 달라요. 최민식 선배 같은 경우는 존경이었고.

김영진 류승범은 동생이니까 뭐.

류승완 승범이는 〈주먹이 운다〉에서 파트너십이 완성됐지만 배우로서 존경한 건 〈부당거래〉부터. 전도연 배우도 배우로서 존경했고. 제 영화 출연배우에 대해선 좋은 감정이었지만 〈부당거래〉 때는 배우가 친구 같은 느낌이랄까. 촬영 끝나고 배우들과 맥주 마시고 축구 보고 그런 게 처음이었어요. 영화를 찍으면서 즐긴 게.

김영진 그 전에는 못 즐겼어?

류승완 잘해야 한다는 강박 때문에. 제가 감독이니까 '나는 항상 준비가 돼 있어야 해. 다음 날 아침 사람들의 질문에 모두 대답할 수 있어야 해' 그랬던 거죠. 〈부당거래〉에서는 제가 모르면 모른다고 솔직하게 대답할 수 있게 됐어요. 현장에서 솔직해지기 시작한 거죠. 괜찮은 척, 강한 척하지 않고.

김영진 예전부터 인터뷰에서 자기가 감독을 하면서 너무 독재자가 되려고 했던 거 아닌가 반성하는 말을 했잖아? 그때부터 현장을 세게 통제하면서도 이게 맞는 건가, 라는 의심은 있었던 거 아냐?

류승완 당연히 있었죠. 〈아라한 장풍대작전〉 끝나고 너무 힘들었어요. 다음 영화로 〈주먹이 운다〉를 택한 것도 그런 이유였으니까.

제가 영화를 고르는 방식은 전작과는 완전히 다른 영화 쪽이에요. 전작을 다른 식으로 완전히 털어버리려고. 이젠 시간이 많이 흘렀으니 굳은살이 조금 배기긴 했어요.

김영진 영화가 업이지만 영화로 세상에 발언한다, 그런 거 있어?

류승완 그런 거 없어요. 세상에 대고 이야기한다 그런 생각을 한때 했었는데, 영화를 만드는 데 그건 중요한 건 아니라고 생각해요. 작품을 두고 이야기하자면 저는 작품을 만들 때마다 포커스를 딱 맞춰서 간단 말이죠. 그때그때 관심사에 따라 달라지는 거예요. 영화는 그 결과물이고. 방법에 대해 말하자면 저를 기본적으로 끊임없이 움직이게 만드는 건, 일종의 분노죠. 액션영화를 선택하는 성향에 그런 것들이 있겠죠.

예전에는 주인공들이 주로 패배하는 결말이었어요. 어차피 해도 안 된다. 항상 졌어요. 세상에 대해 욕하고 끝나고. 그런데 이번 영화를 하면서는 (사람들이) 왜 이 영화를 볼까, 영화의 어떤 것을 보고 흥분하나를 생각했죠. 보통 사람은 현실에서 이루어지지 않는 게 영화에서 이루어지는 걸 보며 쾌감을 느낀단 말이에요. 제가 처음으로 동 세대나 윗세대가 아니라 아랫세대를 고민했던 게 〈베테랑〉이에요. 〈베를린〉을 작업하고 나서 보니, 제 동 세대나 윗세대가 아닌 이전 세대들은 제가 〈베를린〉에서 중요하게 여긴 대사, '전향하겠소'라는 말의 뜻을 몰라요. 저는 그 대사를 굉장히 중요하게 생각했어요. 그런데 거기에 방점이 찍히는 걸 모르더라고요. 이미 남북관계에 대한 이해가 우리 세대와 달라진 거예요. 통일에 대한 개념도 다르고. 그러니까 이제는 10대 시절을 돌이켜서 생각해보자. 저한테 사법정의의 가치를 알려준 게 영화였단 말이죠. 법체계의 말도 안 되는 것에 막히는데, 그걸 돌파하는 건 결국 인간이고. 깨어있고 자기 일을 하려는 인간들이.

김영진 예를 들면?

류승완 클린트 이스트우드 주연의 〈더티 해리〉같은 영화에서 법과 제도라는 사회 시스템이 가로막아도 나는 상관없다는 태도로 주인공이 돌파하는 거. 우리가 동경할 수 있는 영웅들을 보면서 되게 쉽고 단순하게 이입 받는 건데, 제가 순수하게 열광했던 그 가치를 잊었던 것 같아요. 그 기초가 뭐냐면 위대한 가치와 신념이 아니라 인간이 인간에게 갖는 휴머니즘이란 거죠.

우리가 사랑하는 영화 속의 영웅들은 누가 누군지 분간도 안 되는 원주민들과 싸우다가도 선량한 원주민을 만났을 때 인간의 기본적인 예의를 지키는 가치가 있었는데, 저 스스로 그런 기본적인 것들을 잊고 있었고 정의가 승리할 수 있다는 희망을 버린 건 아닌가 하는 생각이, 제 아이들과 영화를 보면서 많이 느끼죠. 우리 아이들은 여전히 좋은 놈이 나쁜 놈을 이길 때 응원한단 말이죠. 나도 여전히 그게 좋고. 선배님이 〈부당거래〉 평에서 지적하셨던 부분도 컸고. 예전에 했던 인터뷰에서, 저도 노동자로 출발한 사람인데, 제가 영화에 깊게 빠져들기 시작했던 건 중학교 시절부터라는 거죠. 어디 도망 다닐 곳도 없고 2500원만 내면 하루에 두 편 동시상영을 볼 수 있는 극장. 그때 봤던 영화로 현실을 잊고, 에너지를 얻고, 월요일을 맞이할 수 있고. 내가 그 쾌감을 줄 수 없었던 건 아닌가.

올바른 것이 무엇이냐는 또 다른 문제인 것 같아요. 저는 정의를 부르짖는 사람이 위험해 보일 때가 많아요. 대신, 저는 영화를 만드니까 제 영화적 세계를 만들 수 있잖아요. 그 영화적 세계 안에서 이래선 안 된다는 규칙은 만들 수 있죠. 이건 아니야, 라고 말하고 그것을 덮으려거나 못된 행동을 하는 사람을 영화 속에서 처단하는 행위. 보편적인 상식선에서 정의라고나 할까. 이번 영화에선 그걸 구현하고 싶었던 거예요.

김영진 그 이유는?

류승완 지는 게 너무 싫었어요. 많이 져보니까, 그런다고 해서 뭐가 바뀌는 건 없으니까. 지금 시대 분위기가 희망도 절망도 아닌, 분노까지 모든 걸 포기해버리는 쪽으로 흐르는 게 위험해 보이거든요. 시원하고 통쾌하고 건강한 에너지를 영화로 불어넣을 수 있지 않을까 했던 거죠.

보다 본질적으로는 전작인 〈베를린〉도 그렇고 어두운 세계에 시달려서. 작업하는 환경을 밝고 건강한 쪽으로 탈출시키고 싶은 마음도 있었죠. 내 영화 주인공들이 좀 더 쾌활해지고 응원할 만한 대상이 돼서 박수받을 수 있게. 그런 생각들이 작용한 거죠.

김영진 〈베테랑〉은 당신 영화 중에서 가장 성룡 영화의 근본 정서에 가깝게 다가선 영화가 아닐까. 이제 성룡도 한국에서 인기가 없지. 당신 영화가 그 정취를 다시 살렸어. 한때 명절이면 늘 성룡 영화가 개봉했었는데.

류승완 제가 고등학생 시절에 성룡 팬클럽이었거든요. 〈미라클〉(1989) 홍보 차 성룡이 한국에 왔을 때 공항에도 나갔었지. 동아극장에 〈미라클〉을 보러 갔는데, 동아극장이 1~2층으로 되게 컸잖아요. 제가 놀란 게 극장에 들어가는 모든 관객에게 일일이 악수를 하고 눈 맞추면서 '감사합니다' 인사를 하더라고요.

김영진 성룡의 그런 모습에 상당히 감화받았구나.

류승완 몰락한 나의 영웅이 너무 슬프죠. 부산 국제영화제에 감독으로 온 그분을 멀리서 봤는데 안타까웠어요. 처진 눈이 게슴츠레하고.

김영진 성룡은 사석에서 본 적 없어?

류승완 딱 한 번. 김희선 배우와 있는 자리에서 아주 잠깐.

김영진 당신이 성룡 팬이라는 건 이야기 안 했어?

류승완 제 아는 스턴트 하는 친구가 계속 성룡한테 제 이야길 했대요. 전 세계에 성룡 키즈가 한둘이겠어요? 저는 그냥 제 마음속의 영웅으로만.

김영진 예상과 다르네. 몇 번이라도 봤을 줄 알았는데.

류승완 저 의외로 해외 거물들과 연결고리가 없어요. 뉴욕에서 서극을 만난 적 있어요. 제가 서극 감독을 너무 좋아해요. 되지도 않는 영어로 막 들이대고 함께 있던 나홍진 감독을 소개시켜 주고 그랬는데 서극은 〈황해〉를 만든 나홍진이 맞냐며 나홍진에게만 관심 보이고 나는 매니저 비슷하게 그들 옆에 서 있고. 아씨, 짜증 나서. (웃음)

김영진 나홍진이 유명해? 〈황해〉가 유명한가 보지?

류승완 〈황해〉는 외국에서 엄청 유명하죠. 외국 사람들이 좋아하는 이유가 있는 것 같아요.

김영진 당신 영화는 외국에서 반응이 없어?

류승완 소수? (웃음) 〈짝패〉 좋아하는 외국인들은 많죠.

김영진 〈주먹이 운다〉는 칸에 갔었고. 〈짝패〉도 해외 영화제 갔지?

류승완 베니스 영화제에서 반응 좋았어요. 〈짝패〉 덕분에 미국 회사들에서 공격적으로 연락이 왔었죠. 어떤 프로젝트는 구체적으로 진행된 적도 있어요.

김영진 근데 왜 안 갔어?

류승완 그쪽이 제시하는 것과 제가 원하는 그림이 달랐어요. 가면 그냥 용병 역할 할 게 눈에 보여서. 그렇게는 좀 곤란하다 이렇게 된 거죠. 뭐, 지금도 연락 오는데 그렇게까지 하고 싶은 생각은 없고.

김영진 영화 찍기 전에 〈베테랑〉 시나리오 모니터해달라고 해서 본 적이 있잖아. 시나리오가 감동적인 건 아니지만 이걸로 잘 찍으면 되겠네 그랬지. 시나리오가 모난 데가 없어. 말했듯이, 권선징악이야. 류승완 감독 영화 중에 가장 권선징악이야. 근데 감독 입장에서 난제가 뭐냐면, 감독은 도덕적 입장에 서면 안 되니까. 도덕은 너무 명확하니까. 도덕하고 윤리는 다르잖아. 도덕은 명문화된 거고 도덕적 판가름은 누구나 할 수 있지. 근데 윤리는 다르잖아. 윤리는 도덕을 실천하는 개인의 행위에 관련된 문제잖아. 회의와 혼란이 올 수 있고, 이게 도덕적인지 아닌지 의식하는 게 윤리적 입장이지. 도덕적 통념상 맞지 않지만 내가 옳다고 여기거나 욕망에 솔직할 땐 해야 할 때도 있고 그게 인간이라고 보는 거거든. 지금까지 류승완의 영화는 윤리적인 입장에 서는 것처럼 보이지만 실은 도덕적 강박이 크게 느껴져. 대개 지는 스토리였거든. 그러니까 〈부당거래〉의 최철기처럼 주인공이 죽음을 맞이하거나 불행하게 만들지. 〈베테랑〉은 이기는 내용이니까 훨씬 오락적인데도 오히려 나는 도덕적 강박감이 안 느껴져. 세상에는 퍼센트가 작아서 그렇지 이기는 경우도 많아. 미국영화는 대개 좀 위선적이기는 하지만 그걸 발췌해서 이길 수 있다는 낙관주의를 불어넣지. 당신도 아까 이야기했지만, 부모 입장에서는 느끼지. 아이들에게 늘 세상은 그게 아니라고 말해주기도 좀 그렇고. 책에서 배운 대로만 세상을 보고 싶은 아이에게 '너 실제로 살아봐라. 세상이 엿 같단다' 이렇게 이야기 못 하잖아.

류승완 쉽게 이야기하면 제 영화에 부모의 입장, 이게 조금 들어가는 것 같아요. 아이를 키우는 부모로서의 류승완이 영화감독 류승완에게 개입하면서 제 정체성이 조금 바뀌는 것 같아요. '나는 다음 세대에게 뭘 남겨줘야 하지?'라는 것.

김영진 나름 세상에 대한 발언대에 선 입장이네.

류승완 제가 왜 세상이라는 말에 거부감을 가지냐 하면, 저는 세상을 상대할 수 없다는 거죠. 어떤 한국영화가 1000만 관객을 상대하더라도 그게 세상 전체는 아니란 말이죠. 저는 구체적일수록 좋은 것 같거든요. 이번에 이기는 영화를 만들었다고 했지만 이 영화 결말에도 남는 게 있어요.

김영진 일시적인 승리.

류승완 제가 악당으로 그렸던 사람들이 법정으로 들어가요. 여전히 그들의 판결이 어떻게 될지 모르는 거예요. 자신이 맡은바 최선을 다할 수 있는 영역을 보여준 게 이 영화에요. 그다음 재판정 안에서의 판결은 어떻게 될지 모르는 거죠. 〈베를린〉에서 너무 어두운 세계를 다뤘기 때문에 밝은 세계를 다루고 싶었고. 제 태도의 변화, 아빠로서의 마음이 들어간 변화, 그런 게 있었겠죠.

김영진 〈부당거래〉 개봉하고부터 생각하긴 했잖아. '왜 내 영화의 주인공은 자존감이 낮은 것일까?'

류승완 〈부당거래〉가 제겐 의미가 있어요. 그 이전까지 제 영화는 유아기와 청소년기를 거친 것이라고 생각해요. 유아기에 어른들이 하는 말과 행동을 흉내 내고 싶듯이 거장들의 세계를 따라 하며 칭찬받고 싶었죠. 그게 과연 맞나 혼란을 겪던 시기가 청소년기와 비슷하죠. 〈부당거래〉를 만들면서 제 영화가 제 신체 나이에 가까워지면서 마음의 변화가 생겼어요. 〈베를린〉을 찍으면서 느낀 극도의 혼란들, 제가 잘 알지 못하는 인물과 세계를 온전히 취재에 의존해서 만드는 게 몸에 붙지 않는 거죠. 그 고통과 혼란의 과정을 관통하면서 저 스스로 이전과는 달라진 상태에 있다는 걸 인정하게 된 것 같아요. 성장통을 겪은 셈이죠.

김영진 〈부당거래〉를 하고 〈베를린〉을 하게 된 계기가 있었어?

류승완 〈부당거래〉 때까지 보면, 일종의 제 영화의 사이즈, 단순히 영화의 제작규모 문제가 아니라 서사의 사이즈. 다루는 세계, 인물들, 이것들이 약간 고만고만하다는 생각이 들었어요. 〈부당거래〉 때 간만에 데뷔작 이후로 호평을 받고, 어떻게 보면 흥행도 되고, 제가 좀 온전히 기운을 받는 상황이어서 이때 도약을 해야 한다, 이 생각이 좀 있었어요. 물 들어올 때 노 저어야 된다. (웃음) 증명하고 싶었던 것도 있었죠.

김영진 은근히 신경 많이 써. (웃음)

류승완 신경 많이 쓰죠, 당연히.

김영진 보면 남의 이목에 엄청 신경 쓰는 캐릭터야.

류승완 사주에도 나와요. (웃음) 그리고 우리는 남 눈치 봐서 잘된 거야. 저도 제 영화에 항상 형사와 깡패만 나오니까 좀 근사한 거 찍고 싶은데. 〈짝패〉 이후로 액션영화 찍기 싫다 그랬었는데. 총싸움도 해보고 싶은 거야.

김영진 총싸움은 또 외국 가서 해야지. 한국에서는 안 되니까.

류승완 네. 그리고 첩보액션영화에 대한 로망이 있으니까.

김영진 〈베를린〉은 마케팅의 힘도 있었지만 흥행이 잘 됐잖아. 흥행 스코어로는 그때까지 당신 영화 중 맨 앞에 섰잖아. 700만 넘었지? 〈베를린〉에는 류승완 감독의 영화에선 예상치 못했던 순간이 나온단 말이야. 남녀관계 묘사가 세지. 하정우가 차에 매달려 전지현을 구하려고 액션을 펼치는 장면에서 굉장히 멜로드라마틱한 감동이 있었는데 그게 류승완 감독에게는 큰 중요한 변화야.

류승완 〈부당거래〉 끝나고 테마를 의식하기 시작했어요. 그런 변화가 왜 생겼는지는 모르겠는데, 영화 〈아저씨〉(2010)가 흥행했을 때 그런 생각이 들더라고요. 제가 〈아저씨〉와 플롯 진행이 아주 유사했던 시나리오를 진행한 적이 있거든요. '내가 집행한다'라는 제목의 영화였는데, 여동생의 죽음을 파헤치는 남자의 이야기예요. 동시에 CJ에 〈아저씨〉 시나리오가 들어가서 제 기획은 거절당했는데, 그때 CJ 관계자가 그런 이야기를 하더라고요. 〈아저씨〉가 영화로 완성되면 왜 투자가 됐는지 아실 거라고. 그래서 〈아저씨〉를 봤어요. 저도 알겠더라고요. 사람들이 원하는 액션영화가 뭔지 알겠고, 관객에 대해서도 다시 생각하게 됐어요. 〈부당거래〉가 성공한 후 전에 선배님한테도 이야기한 적이 있는데, 내가 다루고 싶은 영화가 뭘까? 내가 좋아했던 액션영화의 테마가 뭘까? 구원과 복수와 희생이었어요. 제가 그것들에 열광했다는 걸 알았죠. 제가 생각하는 구원은 거창한 게 아니에요. 누군가가 한 사람에게 도움의 손길을 내미는 것, 자신이 피해 볼 걸 감수하고 행동에 나서는 것, 공의에 합당한 복수라는 거죠. 극장에 들어온 사람들 모두 동의하는 복수의 쾌감, 결국 그게 액션영화의 전부가 아니냐는 생각이 들었죠. 그게 〈부당거래〉 끝내고 제가 좋아하는 영화들을 보며 쭉 점검했던 내용이에요. 〈베를린〉은 제가 처음으로 구원과 복수와 희생이라는 테마를 염두에 두고 시작했던 영화에요. 남북한의 정치적인 상황이나 현실에 짓눌린 부분도 좀 있었어요. 보다 더 순수하게 접근한 게 〈베테랑〉이죠.

제 아내와도 많이 한 이야기가, 우리가 어려서 경험한 선생님들 중 좋은 선생님들은 어려운 것을 쉽고 친절하게 설명해줬다는 거예요. 좋은 감독의 스토리텔링도 마찬가지예요. 어렵고 무거운 이야기일수록 쉽고 친절하게 해야 하는 거 아닌가. 그런 측면에서 스티븐 스필버그와 앨프리드 히치콕의 위대함을 다시 생각하게 돼요. 이 사람들의 방식이 있잖아요. 이것에서 저것으로 건너뛰는 과정이 아니라 차곡차곡 쌓아가며 보여주는 과정의 결과물이 그들의 영화죠. 스토리텔링을 친절하게 풀어야겠다고 의식하는 한편으로 상상력이 따라가지 못하는 건 취재로 채워야겠다고 결심했죠. 그 반작용으로 저를 힘들게 했던 게 〈베를린〉을 둘러싼 표절 시비였어요. 너무 힘들었어요. 제가 분명히 취재에 근거해서 만들고 점검했던 내용인데 처음으로 도덕적, 윤리적으로 공격을 받았으니까. 이게 이렇게 되는 건가 낙심했죠. 〈레옹〉(1994)과 〈글로리아〉(1999)

가 똑같은 플롯이었지만 다 용인했던 시절이 있었잖아요.

김영진 〈베를린〉은 흥행 잘 된 게 위로가 됐어?

류승완 〈베를린〉은, 일단 제가 육체적으로 정신적으로 너무 힘들게 찍은 거라서 이 영화가 빨리 끝나기만을 바랐죠. 홍보할 때 사진 보면 저 무슨 환자 같아요. 제발 끝나라. 다음 영화에 대한 생각도 없고, 그저 빨리 끝났으면 좋겠다는 생각.

김영진 〈베를린〉 개봉이 언제였지?

류승완 2012년 개봉이죠. 그래서 〈베를린〉에서 빨리 벗어나려고 〈베테랑〉을 쓴 거예요. 제일 힘들었던 게 북한 사람들을 다루잖아요. 취재도 엄청 하고 사람도 무지하게 만나고. 그리고 실제로 탈북하신 분이 현장에 나오고 그랬거든요. 웬만한 이야기는 어떤 식으로라도 경험한 사람들이 영화 속에 있는데 이건 완전히 〈스타워즈〉 찍는 느낌이에요. 꽤 적지 않은 곳에서 OK 포인트를 모르겠는 거야. 거기다 해외에서 찍으니까 시간에, 제작비에 쫓겨요. 음식도 안 맞고. 스태프들 중에 아픈 사람들이 많았어. 약도 떨어지고, 미치겠는 거예요. 촬영이 오래 걸리진 않았는데. 어쨌건, 찍을 수 있는 컷에서는 제가 최선을 다해서 찍었는데. 배우들하고도 의사소통이 아주 원만하게 이어진 것도 아니고. 워낙 특수한 장르의 영화니까. 저도 여러 가지 스트레스가 있었죠. 항상 다른 영화와 비교가 됐으니까. 그걸 어떤 식으로 돌파해야 할 것인가.

북한을 다룬 영화라 정치적 문제도 있을 것 같았고. 처음으로 하는 100억 규모가 넘는 영화였고. 여러 요인이 스트레스로 작용하면서 어느 순간 이 영화의 방향을 모르겠는 거예요. 보이는 것에서 더 파고들어 가고 저 자신을 괴롭히게 된 거죠. 그때 몸도 아팠고. 허리가 너무 아파서 다리를 묶고 잤어요. 뒤척이면 허리가 아프니까.

영화를 개봉했는데, 제가 숫자에 되게 둔해요. 근데 관객이 막 몰린다고 그러니까. 홍보, 대대적으로 영화를 마케팅하는데 저는 그런 규모의 마케팅이 처음이었죠. 이게 뭐지? 그러고 있었는데. 저를 결정적으로 힘들게 한 게, 소설을 표절했다고. 저는 인터뷰할 때 다른 데서 영향을 받거나 인용을 하면 출처를 밝히잖아요. 저는 〈베를린〉의 출발점이 삼각관계가 축인 소설 『몬테크리스토 백작』이었거든요. 근데 어느 네티즌이 〈베를린〉이 첩보소설 『차일드 44』 표절이라고 주장하면서 소설을 캡쳐해 올렸는데, 문제가 시작이 된 게, 시사회하고 신정 연휴 첫날에 《미디어 오늘》이라는 데서 네티즌들이 제기한 거로 기사를 쓴 거예요. 그 기자한테 전화가 왔는데 전 이미 이게 논란이 되고 있다는 걸 알고 있었어요. 이게 별로 문제가 아닌데, 하고 있다가 전화가 왔으니까 그래 잘됐다, 나는 누가 이걸 공식적으로 취재해주길 바랐다, 내 취재록을 공개하겠다고 했는데 이 기자가 제 취재록 확인을 안 하고 전화 인터뷰한 내용으로 기사를 쓴 거예요. 연휴 내내 네이버 메인에 떴어요. 표절로. 제가 그래서 '내가 진짜 표절했나?'. 표절 시비를 처음으로 제기한 이가 번역가였거든요. 제가 취재 파일을 처음부터 봤어요. 남녀 관계가 유사하다는 것과 몇몇 대사와 상황들. 대사의 스탈린 교시내용이나 KGB 타임에 대한 건 있는 말들이니까. 『차일드 44』에서도 다른 데 있는 걸 인용한 거고. KGB 타임은 존 르 카레 소설에도 나오는 내용이고. 저는 거기에는 전혀 거리낌이 없었죠. 그다음에 중요한 남녀관계 문제는 이름을 밝힐 수 없는 전 미국 대사가 있는데, 소설도 번역하신 분이에요. 국정원 간부 출신인데…… 이분 실명이 나오면 안 될 수도 있어요. 이분은 김대중 정권 때 국정원에 있었고, 햇볕정책에 굉장히 반감을 갖고 있어요. 이분을 만났을 때 들은 이야기가 기록에 있어요. 그게 〈베를린〉에 나온 주인공 부부와 유사한 관계예요. 중국에 파견된 북한 외교관 부부가 있는데, 부인이 절세미녀야. 이 부부가 어떤 사정으로 위기에 빠지는 이야기를 그분한테 들었어요. 그리고 우리 현장에 나와 있었던 백경윤 선생이라고, 1년에 한 번씩 이름 바꾸면서 생활하는 북한 해군장교 출신. 이분도 러시아 모스크바에서 스파이 생활할 때 앞서 국정원 간부가 해준 것과 유사한 이야기가 되게 많거든. 이분도 자기 배우자와의 관계에서 생긴 문제 때문에 평양에서 나온 거거든요. 그래서 제가 지금도 약간 헷갈리는 게, 제가 소설 『차일드 44』에 나오는 장면들에 대해 관계자들에게 질문을 하긴 했어요. 이런 게 가능한가요? 저런 게 가능한가요? 어떤 식으로 수색이 이루어지냐. 영화를 만들면서 『차일드 44』에서 인용한 건 하나였어요. 동전 USB. 그 소설을 보면 동전 안에 마이크로필름을 넣는데 우리 미술팀이 동전 모양의 USB를 가져온 거예요. 어? 『차일드 44』 생각나고 좋겠네. 그래서 동전을 썼는데 그것도 표절이 된 거지. 데뷔작 때부터 베꼈다는 소리를 들었지만 이번에는 심한 거예요. 저는 관객이 많이 드는 게 좋은 게 아니라 표절이라고 하니까 죽겠더라고요. 그래서 전 소설을 영화로 만든 동일제목의 영화 〈차일드 44〉(2015)도 안 봤어요.

김영진 그게 논란이 컸었나?

류승완 당사자한테는 괴로운 문제였죠.

김영진 여러 언론으로 확장되진 않았잖아.

류승완 확장되진 않았죠. 제가 변호사한테까지 물어봤어요. 근데 이건 표절일 수 없다고. 『차일드 44』는 연쇄 살인을 쫓는 이야기거든. 누구는 트위터에다 그랬어요. 베낀 새끼가 각색 더

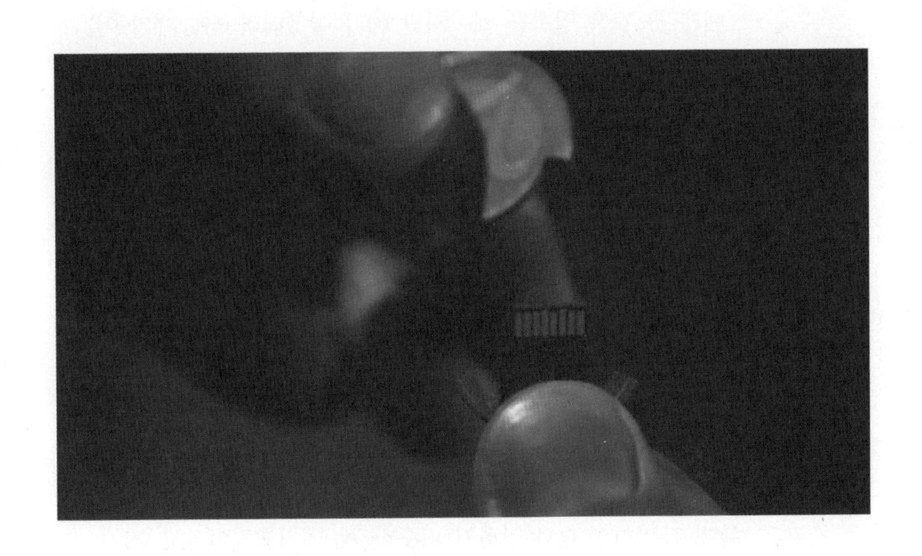

잘했다고. 저는 미치겠는 거예요. 진짜 고생해서 한 게 다 무너지니까. 〈베를린〉에 관한 글 보면 자라 보고 놀란 가슴 솥뚜껑 보고도 놀라요. 저는 그 흥행을 못 즐겼어요.

김영진 〈베테랑〉 시나리오 쓸 무렵에는 마음속으로 정리가 됐어?

류승완 정리를 하기 위해, 신경을 돌리기 위해 〈베테랑〉을 쓴 거죠. 〈베테랑〉 같은 영화를 해야지만 제가 살겠더라고요. 제가 어디 놀러 다니고 그런 사람이 아니잖아요. 시나리오 쓰고 항상 일을 해야.

김영진 왜 놀지를 못해?

류승완 습관이 된 것 같아요.

김영진 멍 때리면 좋지 않아?

류승완 좋은데, 멍 때리는 시간이 지속되면 불안해져요.

김영진 일 중독이 있구나. 뭘 해야 안심이 되는구나.

류승완 네. 조금이 아니라 많이. 〈베를린〉에 대해 주성철 기자가 쓴 리뷰에 감독의 모습과 영화가 비슷한 게, 워커홀릭이라고. 자기가 볼 때 류승완의 영화 인물들은 워커홀릭이라고.

김영진 그러네? 그러고 보니까.

류승완 네. 저도 그런 것 같아요. 제 영화에 백수가 없어요. 전 운동하는 시간이 좋아요. 머리를 쉬게 하려면 운동하는 게 나아. (웃음) 지금은 혼자 있는 법을 찾고 있어요. 20대, 30대처럼 뭐가 막 나오고 그런 게 아니라서. 자신에게 시간을 줘야 뭐가 나오거든요. 혼자 극장 다녀 버릇하고. 속도를 줄이고. 모든 것들에. 〈베를린〉은 그렇게 넘어갔어요. 제 안의 혼란과 싸우면서. 근데 언제나 저는 어떤 현재 상황을 극복하는 방식이 그랬어요. 뭔가를 쓰는 데 열중하면서 다른 길로 전환하는 거죠.

김영진 당신 영화를 좀 더 정리해보자. 당신 영화 중에 뜻밖에도 유희적인 영화는 몇 편 없어. 〈아라한 장풍대작전〉, 〈다찌마와 리〉 정도야. 다른 영화들은 어떻게 생존할 것이냐는 테마와 상당히 밀접한 연관이 있어. 데뷔작 〈죽거나 혹은 나쁘거나〉도 그렇고, 〈주먹이 운다〉는 말할 것도 없고. 세대를 달리해서 어떻게 살아가야 하냐는 문제를 공통으로 다루지. 〈짝패〉는 고향 친구들 사이의 이야긴데 거기에 자본과 권력을 나누는 문제가 끼어들었을 때 어떻게 해야 하냐는 테마였지. 〈부당거래〉도 마찬가지고. 공통의 테마가 있어. 〈베를린〉도 생존에 관한 테마라고. 근데, 그에 비하면 〈베테랑〉이란 영화는 우연의 일치인지 모르겠으나 그 테마를 다루면서도 유별나게 형사 공동체의 우정이 가장 낙관적으로 그려진단 말이야. 〈부당거래〉 때만 해도 황정민과 마동석이 연기하는 캐릭터들의 우정과 연대가 있었지만 장렬하게 부서진단 말이야. 영화 속에서 황정민이 마동석을 죽이는 그 장면의 폭력은 끔찍했지. 그런데 〈베를린〉에선 서로 적대적 관계인 한석규와 하정우의 관계가 좀 다르게 그려져. 남한 공작원 한석규가 적대시했던 하정우에게 손을 내민단 말이야. 은근슬쩍 당신 영화에서의 인물들의 관계 온도가 달라지고 있다고. 당신의 마음도 바뀌고 있다고 봐야 해. 영화적으로 스토리텔링을 쉽게 풀려고 하는 것뿐만 아니라 사람을 보는 관점이 달라지는 거 아냐?

류승완 제가 의식하고 그런 건 아닌데요, 영화를 만드는 사람으로서 초점이 이동한 건 맞는 것 같아요. 〈베테랑〉 같은 영화를 이전에 다뤘다고 하면 달랐겠죠. 기술적으로 융통성이 늘어났고 특정 방식만을 고집하진 않게 됐죠. 저한테 여유가 생겼는지도 모르겠어요. 제가 아량이 넓은 사람은 아니라고 농담처럼 말했는데 여전히 작은 것에도 분노하고 그러지만 짜증 내서 무엇 하나? 그냥 넘어가자는 태도도 경험으로 쌓인 것 같고. 나이가 주는 선물도 있어요. 예전에는 책임감이 컸거든요. 이제는 제가 뭘 못한다는 걸 알았어요. 내 까짓 게 뭔데 할 수 있다는 거야? 내가 어떻게 세상을 바꿔? 나는 내 할 일만 잘하면 되지. 이런 마음이 편하게 만든 것 같아요. 압박도 없고.

김영진 아까 본질에 집중한다고 그랬잖아. 영화를 찍을 때 본질에 집중해야 한다고. 그렇다면 감독으로서 여유가 생긴 거지.

류승완 제가 쉽게 죽지 않는다는 걸 깨달은 것 같아요. 뭐냐면, 그런 거죠.

김영진 자신감이 붙었다는 거야? (웃음)

류승완 뭐냐면, 제가 수영을 못하는데 물가에 있어요. 물에 빠졌는데 죽을 것 같아서 허우적거렸어. 근데 알고 보니까 이 물의 깊이가 내가 빠져 죽을 만큼의 깊이가 아닌 거야. 주변을 보니까 다들 허우적대고 있는 건 별 차이가 없어. 별거 아니구나 생각하는 거죠. 제가 운이 좋은 건 상승과 하강을 많이 타서, 제가 데뷔한 지 16년째니까, 이런 방식을 찾아낸 것 같아요. 수영을 못해도 이만큼 하면 되는구나. 심하게 허우적대면 다시 올라갈 수 있구나. 태도가 그래서 바뀌는 것일 수도 있죠.

김영진 당신도 이제 영화판에선 꽤 선배야. 나이에 비해 경력도 길고.

류승완 영화 하면서 사람들이 변하는 걸 많이 봤어요. 무명 배우가 스타가 되는 걸 보면서, 인력으로 되는 일이 아니라고 생각했죠. 연출부 시절에 같이 일하던 누나가 하지 말라고 해도 할 놈은 하고 되는 놈은 된다고 그러더라고요. 그 말은 그 누나 스스로 불안해 던지는 거거든요. 안달하지 말자고 다잡죠. 그래도 힘들어요. 얼마 전에도 시나리오 쓰다가 풀리지 않아서 봉준호 형한테 미친 듯이 문자를 보내니까 '너 뭔 일 있냐?' 그러고 '그러지 마라. 나도 죽겠다'고 그러고. 둘이 서로 죽겠다고 막.

김영진 엄살쟁이들이야.

류승완 지금도 불안해요. 항상 새로운 걸 만들어야 하니까. 우린 늘 짐 챙겨서 여행 떠나는 사람들인데. 이게 가본 길도 아니어서 언제나 불안하죠. 최소한 짐은 몇 번을 쌌다 풀었다 하니까 짐 싸는 기술은 늘었다, 요 정도 아닐까요? 제 상태가? 예전에는 여행 떠나려면 트렁크 몇 개씩 챙겼는데 이제는 가벼운 차림으로 갈 수 있는 능숙함이 생긴 거죠. 초보 여행자가 파리에 가면 유명한 델 찾아보고 그런다면 지금은 에펠탑 어느 지점에서 어떻게 찍어야 사진이 잘 나와, 뭐 이런 게 조금 보인다고 해야 하나.

말하기가 되게 조심스러운 게, 제가 개안한 건지는 모르겠어요. 제 성향인데, 저는 저 자신도 의심하는 사람이에요. 의심병이 있어요. 누가 이야기를 하면 곧이곧대로 못 들어요. 어떻게 보면 그게 저를 지탱해주는 힘인 것 같기도 하고. 좀 달라졌다면 늘 의심하고 안절부절못했던 게 조금 잦아들었지 않나 싶어요.

김영진 경험 덕분에?

류승완 많은 경험을 해보진 않았지만 제 경험치 안에서 성장한 게 있으니까. 제가 못된 짓 많이 했어요. 〈죽거나 혹은 나쁘거나〉 성공하고 어떻게 해야 될지 몰라서 숨었어요. 그렇게 하면 안 됐는데. 그 성공을 함께 했던 사람들과 나눠야 했는데. 나누는 법을 몰라서, 되게 비겁하게 숨었어요. 저 스스로 인정하는 비겁하고 못난 점이 있죠. 그러니까 더욱 저 자신한테 냉정해지려고 하는 것도 있어요. 자기연민 절대 안 하고. 예전에는 그런 게 괴로워서 자학했거든요. 이젠 뭐, 내가 다 할 수는 없는 거니까. 내가 그 사람들의 인생을 책임져줄 수는 없는 거니까. 약간 뻔뻔해지는 것들이 생기죠.

비극적 죽음의 장엄함, 없어도 돼.

하지만 나는 류승완 영화의 주인공이
행복해졌으면 좋겠다.

류승완 선배님의 비평가로서의 의견을 듣고 싶어요. 의식 있는 사람들이 흔히 한국영화가 나빠지고 있다, 대기업 독과점 구조 탓이 크다, 이렇게 말하고 있잖아요. 저처럼 2000년대 초반에 영화계에 안착한 감독들이나 제작자들도 대기업과의 수직 종속적인 관계에서 무너지고 있다고 비난받고 있고. 그게 상식이 된 것처럼 말하는데 어떻게 생각하세요? 진짜 궁금하더라고요.

김영진 난 2000년대 중반부터 소귀에 경 읽기로 대기업 독과점과 대기업들이 투자, 제작, 배급, 상영을 장악하는 구조에 관해 많이 쓰고 떠든 편인데. 근데 당시에는 영화계도 힘이 있었고 그 구조 안에서도 승자가 되는 사례가 많았기 때문에 다들 다음 승자는 자기가 될 거라고 기대하는 안일함이 있었지. 사석에서 "김 형, 산업을 몰라서 그렇게 말씀하시는데……"라는 투의 충고도 많이 들었고. 이제 영화계는 힘없는 을의 위치로 떨어져 버렸고. 난 이 구조는 희망이 없다고 봐. 당신 생각은 어떨지 모르지만. 영화제작자나 감독들은 한두 편 실패하면 재기 가능성이 별로 없는데 가만 보면 투자 실무진 위치에 있던 사람들은 회사 옮겨 가며 계속 활동하고 있어. 그들은 영화인 행세하는데 난 영화인으로 잘 안 보이고.

류승완 어디나 구조적인 문제는 있는 것 아닌가요? 근데 관객 변화에 대한 관점이 빠져있는 건 잘못된 것 같아요. 관객들은 이제 다른 곳에 가 있다는 거지. 예전 같지 않아요. 2000년대의 한국영화 성장을 단순히 영화산업이 발전해서 그런 거라고 보진 않거든요. 영화를 원하는 관객의 호응이 있었어요. 지금 극장 객석을 살펴보면 전부 데이트 커플이에요. 아니면 중년 남녀들이 우르르 몰려오는 변형된 형태의 단체 관람들이죠. 한국영화에 투자되는 자본은 줄일 수 없게 되어버렸는데 관객이 원하는 영화는 달라졌어요. 〈위플래쉬〉(2014)를 보면서 느낀 게, 그 영화 되게 섹시하잖아요. 영화가 일단 오락적으로 매력이 있어야 하는데 그게 참 어려운 것 같아요.

김영진 어떤 영화가 흥행이 된다, 안 된다는 것으로 좋은 사회냐 아니냐를 판가름하기는 어려워. 관객 취향이 엄청 변했다? 그것도 아니라고 봐. 관객의 취향이라는 건 시대 분위기와 영화배급 유통시스템과 연결되어 있으니까. 그것도 절대적인 게 아니라 상대적인 거라고. 상황에 따라 변할 수 있는 거고. 1995년에는 서울에서 안드레이 타르코프스키의 〈희생〉(1986)에 10만 명 가까운 관객이 들었어. 당시 한국 사람들이 영화에 미쳐서 그런 게 아니지. 실제 베를린 영화제 소식지에서 한국 영화산업을 전망하면서 그렇게 썼단 말이야. '타르코프스키의 영화가 흥행하는 나라여서 예술영화 산업전망이 좋다'라고. 그게 아니라 사회적 맥락이 더 중요했지. 문민정부 시절 '〈쥬라기 공원〉(1993) 한 편이 현대 자동차 한 해 수익보다 많은 수익을 올린다'는 식으로 문화콘텐츠의 중요성을 경제적 가치로 환원시켜 계몽하는 정책이 있었어. 언론에서 그걸 대대적으로 홍보하고 영화를 둘러싼 윈도우도 늘어나는 분위기에서 세계 최고의 시설을 갖춘 영화학교인 영상원도 만들어졌지. 그 와중에 영화에 대한 인식이 달라진 거 아냐? 21세기는 영상이 주도한다면서 대기업들도 영상산업에 투자하는 유행이 있었고, 그들이 철수한 뒤에는 다른 투기 자본들이 영화계에 들어왔지. 그러면서 초기에는 뭣 모르고 모험적인 영화에도 큰돈을 투자하는 좋았던 시절이 있었고. 여하튼 아래에서의 자연 발생적인 흐름뿐만 아니라 위에서 주도한 흐름도 컸단 말이야. 지금은 그런 시대가 다시 오기 힘든 세월을 맞고 있고.

영화가 위대한 게 겉으론 예술 한다고 하면서 돈도 버는 거 아냐? 그렇지 않나? 그런 제작자들이나 감독이 훌륭한 거지. 예술도 하면서 돈도 버는 게. 대중도 돈, 돈, 하지 않아야 영화인들을 존경하지. 지금 봐라. 영화잡지에 실리는 제작자나 감독들 인터뷰 보면 상당수가 영화보다는 숫자 이야기하고 있어. 사석에서 돈만 아는 장사꾼 같이 말하던 태흥영화사의 제작자 이태원 대표도 언론 인터뷰 때는 영화 이야기, 영화인 이야기만 했어. 지금은 다들 지면에서도 숫자 이야기야. 관객이 얼마나 드냐, 수익이 얼마나 나냐, 이런 이야기들이 빠지지 않아. 재미없게 돼버렸지.

류승완 기자들이 질문을 그런 방향으로 유도해요. 저는 요새 많이 느끼는 게, 제가 자주 하는 이야긴데, 영화를 만들려고 감독이 되는 게 아니라 감독이 되려고 영화를 선택하는 것 같은 느낌을 젊은 친구들에게서 받아요. 우리 세대만 해도 영화적 아버지를 바깥에서 찾았어야 했는데 지금은 집 나간 아버지가 돌아온 느낌이잖아요. 아버지가 집에 있는 걸 보니까 권위가 없어진 거야. 러닝셔츠 입고, 방귀도 뀌고. 그 꼬락서니 보면 별로 존경심 안 생기죠. 잘하면 나도 저 정도 이상은 할 수 있을 것 같고. 해외 영화제 돌아다니고 CF 찍고 유명해지면 돈도 버는 직업으로 보이죠. 자신이 그리고 있는 실체가 없고 허명을 좇는 분위기, 그게 위험하게 느껴져요. 만들어지는 영화는 많아지는데…….

김영진 엄청나지. 지금은 진입장벽이 낮아졌으니까. 디지털 기술 덕분에.

류승완 그 많은 영화들 가운데 특정 영화를 봐달라는 건데, 저도 그 중의 한 사람인데. 영화를 많이 만드는 게 아니라 잘 만들어야겠다는 생각을 저절로 하게 돼요. 영화들이 이렇게 많이 쏟아지고 있는데 내 건 볼 만한 가치가 있는 걸까, 자문하게 되죠. '이 영화 봐 주세요' 굽신거리는 게 아니라, 내가 이 영화 만들었으니까 당신들 고마워해야 해, 그 정도의 '가오'가 있어야 하는 거 아닐까 반성하죠. 나는 그런 자신감으로 만든 영화가 몇 편이나 되나, 늘 관객들을 두려워하지 않았나? 나도 그렇고 단편영화를 포함해 지금 만들어지는 수많은 영화들이 그런 가치를 당당하게 품고 있나? 독립영화를 만드는 젊은 세대 감독들은 물론 다르겠지만 그들도 고민해봐야 하는 문제 같아요. 심지어 요즘은 고등학생들도 영화제 수상을 대학 진학용으로 이용하려고 접근하기도 하니까.

김영진 글쎄. 부질없는 걱정이 아닐까. 나도 대학 영화과에서 밥을 먹고 있지만 10년 안에 영화과 학생 숫자는 반드시 크게 줄어든다. 지금 영화과뿐만 아니라 대학이 포화 상태야. 공급이 수요를 추월했고 충청도 아래쪽으로는 정부 개입이 없으면 대다수 사립대가 고사한다는 거야. 그래서 정부가 지침을 내리는데, 대학을 정량 평가해. 이를테면 취업률 지표 등을 맨 위에 놓지. 예술대는 이명박 정부 때부터 천덕꾸러기가 됐어. 문민정부 때 문화가 경쟁력이라고 했던 것들이 다 뒤집혔지.

류승완 저는 그게 애들을 망가뜨린 것 같아요. 산술적으로 따져 봐도 산업 시장에 비해 너무 많은 학생이 쏟아져 나오는 거예요.

김영진 학생들이 너무 많은 건 영화과나 예술대뿐만이 아니야. 지금은 마음만 먹으면 대학을 다 가니까. 우리 때만 해도 고등학교 졸업생들 가운데 20%, 전문대 포함하면 30% 정도가 대학을 갔단 말이야. 옛날에는 서울대생들이 배지 달고 다녔단 말이야. 기성 사회도 대학생들이라고 하면 존중해줬지. 너도나도 대학생이니까 그만큼 평등해진 것이기도 하고. 동시에 욕망은 균등하게 배분이 안 되니까 문제이고. 근데 말이야, 젊은이들이 만드는 단편영화 수준은 10년 전에 비하면 엄청 높아졌어. 일본과 비교해 봐도 수준 차이가 엄청나. 이게 주류 상업영화나 독립영화로 올라가도 마찬가지야. 일본은 그쪽도 저조해.

류승완 근데 일본영화가 왜 그렇게 몰락했어요? 저는 그게 우리가 살펴봐야 하는 현상인 것 같아요.

김영진 우리 학교만 봐도 학생들에게 의무적으로 두세 편 찍게 하는데, 그러니까 양적으로 영화들이 많이 나오지. 인프라나 인적 자원 면에서 과잉이지. 일본은 대학에 영화과가 거의 없어. 일본 영화산업 전성기에는 주요 영화사가 새로운 인력을 배출했는데 그쪽에선 막혀버렸으니까. 게다가 일본 젊은이들에게 영화 자체가 매력적인 매체나 산업이 아니고. 그에 비해 한국에선 엄청나게 많은 이들이 단편영화에 달려드는 거 보면 참. 그들을 수용할 수 있는 게 작은 규모의 독립영화계인데, 이쪽은 산업으로 자리할 수 있는 가능성이 거의 없으니까. 충무로로 가는 통과의례나 고립된 게토(ghetto)로 남아있거나 하잖아. 그래도 나는 이쪽에서 뭔가 나올 거라고 봐. 영화제 프로그래머로 있으면 예심에 장편영화만 120편이 들어오는 형편이니. 여하튼 중요한 건, 그들이 주류영화계로 들어가는 건 고사하고 극장에서 개봉하기 힘든 영화들도 개봉하면서 푼돈이라도 순환할 수 있는 구조로 돌아가야 영화계의 생태계가 건강해질 텐데. 지금 기성영화도 TV 유통 전략 같은 것들을 잘못 써서 완전히 망가졌어요. 극장 개봉에서 빨리 순환 구조를 만들려고 하다 보니까 속전속결이 됐고, 부가판권 시장은 다 죽고. 사람들이 극장으로 올 기회를 엉뚱하게 날려버리고 있어요. 그건 너무 심각한 문제 같아.

비평에 관해 좀 다른 이야기를 해보자. 시오노 나나미라는 일본 작가가 쓴 『나의 인생은 영화관에서 시작되었다』라는 에세이집에 재미있는 이야기가 나와. 페데리코 펠리니 감독을 인터뷰하러 갔는데, 1970년 무렵이야. NHK 취재진 요청으로 간 건데 당시 펠리니는 세계적으로 유명한 감독이었고 자신은 그냥 무명작가였으니까 꽤 긴장했겠지. 펠리니는 인터뷰하다 질문자가 멍청한 이야기를 하면 그냥 나가버리는 거로 유명하대. 한 시간 예정이라도 펠리니가 마음에 안 들면 10분 만에 끝나버릴 수도 있다고 주의를 받았나 봐. 엄청 긴장한 상태에서 인터뷰를 했는데 예정 시간을 훨씬 넘겨 세 시간 동안 취재를 한 거야. 시오노 나나미가 끝나고 물었대. 왜 이렇게 오래 시간을 내주셨느냐고. 펠리니 말이 '당신 질문은 짧아서 좋았다'는 거야. 대개 평론가나 기자들이 자기 의견을 길게 말하는 데다 멍청한 내용이 많은데, 시오노 나나미는 핵심을 찌르는 간명한 질문을 했다는 거지. 일종의 자기 자랑일 수 있지만 인터뷰이의 자질에 관한 유용한 이야기야. 나도 질문은 그래야 한다고 봐. 지적 허영이 끼어들지 않는 순수한 호기심, 궁금증. 예전에《필름 2.0》잡지 나올 때 에세이로도 썼는데, 제인 구달 박사가 방한했을 때 서울대 강연에서 대학원생들이 하는 질문에 구달 박사가 성의 없이 짧게 답변을 했대. 당황한 주최 측 사회자가 마침 참관하던 유치원생들에게 분위기를 바꿔보려고 질문을 시켰더니 어떤 아이가 그랬다는 거야. "근데 지금 아프리카에는 침팬지가 얼마나 살아남아 있어요?" 구달 박사가 "매우, 매우 중요한 질문"이라고 하면서 10분 가까이 대답을 해줬대. 구달 박사의 입장에선 그게 가장 중요했던 거지. 자신의 연구목표가 다 이 질문에 응축돼 있으니까. 스티븐 호킹 박사가 왔을 때도 그랬대. 대학원생들이 현학적인 질문을 하면 그건 당신 지도 교수와 함께 다시 연구해보라고 냉랭하게 응대했다는 거지.

류승완 질문자가 오래 이야기하면 귀에 잘 안 들어와요. 말을 듣다 보면 집중이 흐트러져.

김영진 난 제일 한심한 게 질문자에게 '좋은 질문이에요' 이러면서 답변이 이어지는 거. 보통 아부하는 질문이 그렇거든. '와우, 정확하게 보셨습니다.' 아부하는 질문과 잘난 체하는 답변. 되게 같잖거든.

류승완 그건 이해가 좀 안 가는데. 질문받은 사람이 상대편에게 좋은 질문이라고 하는 게 같잖다고요? 진짜 좋은 질문을 했을 수도 있잖아요?

김영진 제대로 보셨습니다, 그런 거 있잖아.

류승완 그럴 수 있잖아요?

김영진 나는 아니라고 봐. 약간의 충돌과 교감이 왔다 갔다 해야 한다고 생각해. 영화에 관한 인터뷰는.

류승완 실제 의도한 대로 누가 봐줘서 이야기하면 기쁜 반응이 나오지 않아요?

김영진 근데 읽는 사람 입장에서는 재미가 없어.

류승완 아, 글로 볼 때?

김영진 완전히 짜고 치는 고스톱 같아.

류승완 그럼 재수 없죠. 저는 저기, 모르는 관객인데 상영 현장에서 내 의도를 읽고 말해줄 때. 그건 기쁘니까.

김영진 그럴 수도.

류승완 〈무뢰한〉개봉 때 《씨네 21》에 정성일 평론가와 오승욱 감독 인터뷰 실렸는데, 두 시간짜리 영화를 놓고 일곱 시간을 이야기했대. 정 평론가가 줄기차게 질문하면 오 감독이 '아, 그럴 수도 있겠네요' 하는 식. (웃음)

김영진 나 빼고 다른 평론가들에 대해 본격적으로 이야기해봐. (웃음) 영화감독하면서 평론가 글들 많이 받아봤잖아. 평론문화에 대해서 한번 털어놓아 보셔.

류승완 저는 정성일 평론가에 대해서는, 제 영화를 제대로 평해주신 적이 거의 없었기 때문에.

김영진 영화잡지 《키노》에서 당신은 완전 잡지의 아이돌이었잖아.

류승완 아니 근데, 정 평론가 비평은 아니었죠. 기자들이 좋아서 인터뷰하고 기사 쓰고 했지. 〈죽거나 혹은 나쁘거나〉에 대해 한 번 쓰셨는데, '이 영화에서 가장 높은 완성도가 있는 건 포스터다. 영화 자체는 후지다' 뭐 이런 식이죠. (웃음) 열악한 조건에서 영화를 만든 건 평가를 해줬고.

김영진 들었다 놨다?

류승완 〈피도 눈물도 없이〉는 무시당했고. 그리고는 아예 언급을 안 하셨던 것 같아요. 그러다가 최근에 제 영화로 언급하신 건 〈베를린〉이에요. 〈부당거래〉 평도 어디에 정식 기고를 안 하셨거든요. 〈베를린〉은 그때 《경향신문》 칼럼에 평을 쓰셨는데, 저는 기본적으로는 정성일 평론가가 제 영화를 공식적으로 진지하게 이야기한 걸 본 적이 별로 없어요.

김영진 근데 《키노》 편집장으로서 당신을 각별히 주목한 건 사실 아니야?

류승완 그건 이연호 편집장 시절에 그랬죠. 이 편집장이 기자일 때 저를 처음 인터뷰했고.

김영진 그랬던가?

류승완 네. 아, 서울 독립영화제 전신인 한국독립단편영화제에서 단편 〈현대인〉으로 상 받고 할 때. 《키노》에서 저를 인터뷰했죠. 데뷔하고 나서는 장훈 기자가 제 담당이었고. 비평가들은, 저는 비평가들에게 억하심정은 없어요.

김영진 우호적인 관계? 허문영 평론가는?

류승완 허문영 선배는 많이 써줬고. 저한테 자극이 되는, 긍정적인 역할을 하는 비평을 써주셨어요. 제일 기억나는 게 〈주먹이 운다〉 평이었는데, 그때 《씨네 21》에서 나왔던 리뷰들은 호의적이지 않았어요. 근데 그때 허 선배가 저를 긴장시키는 글을 썼죠.

김영진 《씨네21》 편집장할 땐가? 편집장 그만두고?

류승완 네, 그만뒀을 때. 그때 허 선배가 '류승완에게 몇 가지의 길을 보고 싶다. 장르 유희의 길, 리얼리즘의 길, 그 두 길에 걸쳐선 채 난처한 곤경을 돌파하는 길'. 정확히 기억은 안 나는데 그런 쪽이었어요. 생각을 많이 하게 하는 글이었어요. 영화 개봉 직후 막 칭찬해주는 글들이 그때는 좋죠. 좋은데, 돌이켜보면, 제가 평소에 하는 이야기이기도 한데 맷집을 길러야 한다는 거죠. 오래가려면. 저한테 도움이 됐던 글들은 늘 내 영화를 채찍질하는 글들이었던 것 같아요. 파이팅도 생기고. 시발, 내가 보여줄게. 뭐 이런 거. (웃음)

김영진 그리고 또 뭐 있어. 내 이야기해도 돼. (웃음)

류승완 선배님 글은 《필름 2.0》에 쓸 때부터 읽었죠. 〈아라한 장풍대작전〉 평이 뭐였냐면 '나는 아라한의 초반 20분을 보고 류승완이 걸작을 찍었다고 생각했다. 그리고 기대가 무너지기 시작했다'고. (웃음) 그때 좀 마음 아팠죠. 근데 선배님의 글 중에서 현재 저한테 가장 영향을 미친 건 〈부당거래〉 리뷰였어요. '나는 류승완 영화의 주인공이 행복해졌으면 좋겠다'라는 그 글귀 말이에요. 단순히 해피엔딩 문제가 아니에요. 깊이 들어가면, 내 말이 잘난 체하는 것으로 들려 약간 재수 없을 수도 있는데. 존 포드의 영화에서 느끼는 윤리라고 할까, 그 비슷한 것? 아, 내가 인물을 다루는 태도에 문제가 있나? 사람을 대하는 게 아니라 그냥 영화 속 어떤 오브제로 대하고 있었던 건 아닌가, 라는 생각이 들었어요. 그게 저한테 굉장히 큰 질문으로 던져졌죠. 제가 좋아했던 영화들을 다시 생각하게 하는. 그리고 이동진 평론가 글들도 차분하게 복기할 수 있죠. 아, 내 이런 생각이 지금 영화를 통해 이렇게 전달되는구나.

아, 그리고 주성철 《씨네 21》 편집장의 글도 흥미로워요. 돌이켜 보면, 주 기자와 나는 사실 출발 시점이 거의 비슷하니까. 주 기자의 시선과 글들도 성장하고 제 영화도 변하고 있다는 걸 느끼며 감회가 생기죠. 얼마 전에 〈주먹이 운다〉 DVD 코멘터리 듣고 깜짝 놀랐어요. 주 기자가 제가 영화에서 계단에 걸터앉아 있는 인물들을 계속해서 보여주는 방식에 대해서 이야기하는 거예요. 제가 무의식적으로 계속 그렇게 하고 있었단 말이에요. 이동진 평론가도 제 영화에 대해 '장남의 영화'라는 표현을 썼어요. 반복적으로 등장하는 단어가 '책임'이라는 거고 내 영화엔 '주차장'도 꼭 화면에 나온대요. 뭔가 좀 정착하고 싶은, 그런 심리의 반영이 아닐까?

김영진 주차장이 나온다는 게?

류승완 네. 저도 이동진 평론가와 인터뷰하면서 아, 그럴 수도 있겠다 싶은 생각이 들었죠. 얼마 전에 영상자료원에서 〈주먹이 운다〉

10주년 기념 관객과의 대화 행사를 하는데 또 계단 모티브 이야기가 나왔어요. 어, 왜 인물들이 계단에 걸터앉아 있을까? 제가 계단에 걸터앉아 있는 이미지를 좋아하긴 하는데, 질문을 받고 생각해 보니까, 계단에 걸터앉을 때 내려오는 방향으로 앉게 되잖아요. 그런데 흔히 계단 하면 떠오르는 느낌은 내려오는 것보다 올라가는 거로 생각하잖아요. 무의식중에 그런 게 있는 거예요. 인물들이 사회적으로 신분 상승하고 싶어 하는데 다다르지 못해 중간에 걸터앉아 있는 느낌. 〈부당거래〉에도 마지막에 최철기 형사, 그 역을 맡은 황정민 선배가 최후를 맞이하기 전에 봉안묘 근처의 굉장히 긴 계단을 걸어 내려오는 이미지가 있어요. 〈피도 눈물도 없이〉에서도 계단은 아니지만 아저씨들이 언덕길을 힘겹게 올라오는 이미지가 있고. 〈죽거나 혹은 나쁘거나〉에서도 계단에서 형제가 만나는 장면이 있죠. 그걸 의식한 건 아니지만 내가 계단을 참 좋아하는구나. 〈베를린〉에서도 계단에서 벌어지는 액션 장면이 당연히 있고. 이건 정신분석이 해결할 문제겠지만 내가 한 계단 한 계단 올라가는 것에 대한 무의식적인 호응이 있나? 그런 걸 되새겨보게 하는 거예요. 누군가의 좋은 글이나 시선을 통해 예기치 못하게.

김영진 최철기가 계단을 내려오는 건 시나리오에 쓰여 있었어?

류승완 아니요. 〈부당거래〉는 로케이션 헌팅을 통해 많은 걸 바꾼 거예요. 봉안묘 계단 장면도 거기 헌팅을 갔는데 긴 계단이 있어서 떠올린 거죠. 황정민 선배가 슈트가 잘 어울려요. 다리가 길어서. 그런 다리 긴 남자가 터벅터벅 내려가면 매력 있겠다 싶었죠. 그 왜, 정점에 올라갔던 남자가 내려오는 이미지 있잖아요. 아, 또 생각났다. 공식 비평가는 아니지만 블로거들 중에는 홍지로라는 블로거의 글을 좋아해요.

김영진 홍지로? 나도 안면 있는 사람 같은데?

류승완 에드 맥베인 책도 번역했고 연세대 대학원 들어가서 영화 전공하죠. 제작할 생각은 없고. 그 친구는 사람들한테 영화 보여주는 걸 좋아해요. 서울대 영화동아리 '씨네꼼' 멤버였고. 지금도 서울아트시네마 자막 번역 맡아 무료 봉사도 하고, 글도 계속 올리고 있어요. 그 친구가 〈아라한 장풍대작전〉 때부터 제 영화를 좋아했죠.

김영진 그래. 많이 썼잖아.

류승완 네, 많이 썼는데. 〈베를린〉에 대해선 혹평을 했어요. 근데 글을 쓴 사람이 제 영화에 애정이 있으니까 혹평을 읽는 게 되게 힘든 건데도 버티면서 읽었어요. 왜 그런지 알겠더라고요. 왜 이 사람이 실망하고 어디에 아쉬워하는지에 대해. 그게 도움이 돼요. '다음 영화를 만들 때 증명해주겠다', 이런 다짐이 생기니까.

김영진 혹평의 근거는 뭐야?

류승완 예를 들면, 그 친구는 〈베를린〉을 별로 안 좋아하는 사람들이 일반적으로 이야기하는 그런 쪽은 아니었어요. 이를테면 유사 〈본 아이덴티티〉 시리즈다, 『차일드 44』와 비슷하다는 비난에는 무심하죠. 〈베를린〉은 그것들과는 방향이 다르기 때문에. 이 친구의 문제의식은 영화의 만듦새에 관한 거였어요. 이야기를 구축하는 방식이나 인물의 관계도를 이것저것 지적했죠. 구체적이었어요. 액션 상황에서 공간을 활용하는 방법이라든지. 집안에서 벌어지는 싸움 같은 경우에는 그 앞 장면에서 전체 공간을 제대로 인지시켜주지 않은 상태로 액션이 벌어졌기 때문에 자기는 따라갈 수 없었다고 썼어요. 아주 구체적인 지적들을 했는데, 타당한 것들이 있어서 도움이 됐죠. 저는 제 영화 개봉 후에 나오는 그런 글들을 챙겨 보는 편이니까. 요즘에는 아쉽죠. 그런 글들을 대할 기회가 점점 적어지잖아요. 인터넷에는 '보자마자 한마디 평' 뭐 이런 것들만. (웃음)

김영진 지면이 긴 게 별로 없지. 근데 말이야 사람이, 나는 비평가지만 감독 입장에서 혹평이나 비판을 자꾸 듣다 보면 지치지 않나? 영화를 만들 땐 엄청난 에너지가 들어가잖아. 자기 작품이란 게 다 자식 같을 텐데 누가 혹평하면 싫잖아. 나는 그걸 이해해. 당신은 그런 비판이 오히려 다음 영화를 위한 자극제가 된다고 하지만 자꾸 비판받으면 짜증 나고 자신에 대해 좀 헷갈릴 수도 있고. 이런 일화가 있어. 데이비드 린 감독이 〈라이언의 딸〉 이후 꽤 오래 메가폰을 놨거든. 〈라이언의 딸〉이 1970년 작품인데 결국 유작이 된 〈인도로 가는 길〉을 1984년에 내놓았으니까. 그 이유가 미국에서 당시 가장 유명하고 영향력 있었던 평론가 폴린 케일의 독설 때문이라고 해. 다큐멘터리에서 데이비드 린이 직접 밝힌 내용이야. 폴린 케일은 데이비드 린이 다국적 자본으로 찍은 대작들, 〈콰이강의 다리〉(1957), 〈아라비아의 로렌스〉(1962), 〈닥터 지바고〉(1965)를 줄기차게 비판했는데 1971년 전미영화평론가협회 주최 세미나에서 폴린 케일이 〈라이언의 딸〉을 비판하면서 또 그 이야기를 했다고 해. 〈라이언의 딸〉은 영국에서 1년간 장기상영을 할 만큼 관객 반응이 좋았는데 당대의 평론가가 비난하니 신사였던 데이비드 린도 자제심을 잃고 응수했대. "그럼 제가 1940년대에 영화 찍을 때처럼 계속 35mm 흑백 스탠다드 사이즈로 영화를 찍어야 할까요?" 데이비드 린 왈, 폴린 케일의 날카로운 혀는 당해낼 수가 없었다고. 폴린 케일이 그랬대. "컬러 영화까지 봐 드릴게요." 데이비드 린이 스스로 생각해봤대. 나는 문제를 못 느끼겠는데 자꾸 평론가들이 내 영화를 비판하니까 어쩌면 내가 모르는 문제가 있는지도 모르겠다.

류승완 아 진짜? (웃음)

김영진 처음엔 엄청 화가 났지만 차츰 의욕이 떨어졌대. 이미 커리어의 정점을 찍은 대감독이라 그랬겠지. 〈라이언의 딸〉 이후로 〈인도로 가는 길〉 만들 때까지 두문불출 칩거했다고. 그 대감독을 쉬게 한 건 폴린 케일을 비롯한 미국 평론가들의 극성스런 비평 때문이었는데, 그에 비하면 아직 젊은 당신은 맷집이 있는 거지.

류승완 저도 화는 나지만 구체적으로 기억이 안 나요. 머리가 나빠서. (웃음) 이게, 사람에 대한 화는 나는데. 좀 지나면 응? 왜 내가 화났었지? 그러다가 아이 뭐, 앞으로 잘 만들면 되지 뭐. 제가, 옹이진 성격이에요.

김영진 (웃음) 삐지는 성격은 아니야?

류승완 삐지죠. 신경질 나고. 예전에 《씨네 21》에 있었던 이영진 기자가 〈주먹이 운다〉 두고 신파라고 막 비판했어요. 저도 그런 분간은 돼. 비판이란 게 저에게 들리는 비판이 있고, 이건 완전히 잘못 본 거야 이런 게 있어요. 그럼 화가 나긴 하지만 저한테 영향을 못 줘요. 제가 말씀드렸던 저 스스로 파이팅이 생기게 하는 비판은 기본적으로 저와 입장이 다르다 하더라도 글을 쓴 사람이 영화를 만든 이만큼 최선을 다해 살펴본 흔적이 있단 말이죠. 그런 글들은 마음에 와요. 입장이 다르더라도. 근데 약간, 이를테면 자기가 그려 놓은 그림에서 벗어난 비판, 이건 용납이 안 돼요. 왜 있는 그대로 못 봐? 이렇게 되는 거죠.《씨네 21》의 이영진 기자 글에 대해선 좀 화가 났어요. 내가 만들려고 했던 게 신파였는데 '신파여서' 문제가 있다는 건 무슨 소린가. 부산 국제영화제에서도 길에서 마주쳤는데 제가 삐져서 아는 척 안 하고 무시하고 싹 갔지. (웃음) 그랬더니 우리 집 사람한테 전화해서 막 서운하다 그랬죠.

김영진 (웃음) 봤는데 투명인간 취급을 한 거야?

류승완 아니 그게, 저쪽에서 오고 있는데 그냥 적당한 거리에서 눈 피하고 쓱 가는 거지. 뭐 멱살 붙잡고 싸워? 아무리 잔 펀치라도 맞으면 사람이 자빠지는 거거든요. 적당히 흘릴 건 흘리고 그러는데. 사실은 저도 요새는 댓글 때문에 죽겠어요.

김영진 댓글 다 보냐?

류승완 저는 다 보죠. 댓글 다 보고.

김영진 밤새우겠네.

류승완 댓글 보고 흥분이 최고조로 올라와서 형사들에게 연락해서 이 새끼들 찾아주면 좋겠어요, 협조 요청하고. (웃음) 그러는데, 저도 정신건강에 안 좋은 걸 아는데, 궁금해서 못 견디겠어요. 내 영화를 다들 어떻게 보는지 궁금해서.

김영진 근데 예의 없는 글들이 너무 많잖아.

류승완 너무 많은 게 아니라 거의 다죠. (웃음)

김영진 그렇진 않지. 류승완 감독 빠들이 있잖아.

류승완 빠도 있긴 한데 빠가 쓴 글은 또 아르바이트라 그러니까. (웃음) 못 살겠다니까.

김영진 (웃음) 〈부당거래〉 때도 그랬어? 〈베를린〉 때 심했던 거 아냐?

류승완 〈부당거래〉도 〈베를린〉 때도 다 그랬어요. '지 동생하고 다 해 먹네' 그것부터 시작해서 '믿고 거르는 류승완'.

김영진 믿고 '거르는' 류승완? (웃음)

류승완 그런 자식들 또 추적하면 비공개야. 오늘도 아까 오다가 누가 '〈해결사〉와 〈부당거래〉와 〈베를린〉을 연출한 류승완이가……' 이렇게 쓴 글이 있길래 비밀 댓글로 '〈해결사〉는 류승완 제작입니다' 하나 남기고. (웃음)

김영진 요즘엔(〈베테랑〉 개봉 전 7월 인터뷰 시점) 뭐 있어 뉴스가? 아, 예고편?

류승완 나는 좀 그래. 알지도 못하면서 쓰지 않았으면 좋겠어. 〈베테랑〉 폭삭 망할 것 같다, 〈암살〉(2015)한테 되겠냐, 또 형사 영화냐, 이런 비난들이죠.

김영진 그거 경쟁작들 편에서 고용한 아르바이트 아니야? (웃음)

류승완 아, 이간질? (웃음) 저는 글의 가치가 확실히 가벼워진 게, 그게 너무 속상해요. 글의 가치와 무게가 너무 가벼워져서 솔직히 위험한 것 같아요. 우리나라 인터넷 문화가 주는 역할이, 정보가 막 쏟아지니까. 내가 찾고 싶은 어떤 정보에 대해서 끝까지 읽지도 못해요. 너무 많으니까. 포털 사이트도 구글처럼 검색 서비스만 하고 기사나 댓글에 실명제 했으면 좋겠어요. 그것들의 역효과에 대해 감시나 통제장치가 있긴 한데. 지금은 정보부에서 감시하는 건데. 오히려 실명제를 해야 제대로 된 토론장이 생길 것 같은데. 지금은 아수라장이에요. 그러니까 초반에는 댓글을 보다가 나중에는 지쳐서 다 못 보는 거죠.

김영진 개봉일만 기다리고 있으니 요즘 특히 바쁘겠구먼. 댓글 보는 게 하루 중요 일과겠네. (웃음)

류승완 휴대폰 배터리를 하루에 세 번 충전해요. (웃음)

김영진 감정이 총천연색이겠는데?

류승완 아이, 천국과 지옥을 오가고 있죠. 황정민 캐스팅했다, 뭐, 또 황정민이냐? 이런 댓글 보면 이 새끼들 뭐야 또? (웃음)

김영진 정도 차이겠지만 어디나 그런 역작용은 있겠지. 문제는 인터넷 평점이나 댓글이 비평을 대체했다는 거지.

류승완 요즘 나온 젊은 비평가들, 선배님의 후배 비평가들이 있잖아요. 그들에 대해선 잘 모르겠는데 1990년대 후반에서 2000년대에 초반에 감독 데뷔했던 세대들은 비평가 집단하고 동업자 주의까지는 아닌데 동지 의식 비슷한 게 있었던 것 같아요. 한국영화 상황이 너무 열악했으니까. 실제로 같이 영화 운동하고, 공부하고, 강의 듣고 했던 세대들이 나중에 함께 영화제에서, 언론에서, 현장에서 선전하니까 서로 의지가 됐죠. 살벌하게 씹고 까발리는 관계가 아니라 비평도 어쨌건 그 안에 애정이 있었고. 글들을 보면 감독도 느끼는 게 있거든요. '너 더 잘할 수 있잖아'라고 하는 듯한 행간의 의미. 그걸 받아들이는 입장에서도 알았죠. 우리 세대가 영화 비평을 되게 열심히 읽고 영화를 만들기를 시작했던 세대니까. 영화 비평에 대한 존중이 있는 세대였고. 지금은 그런 게 아쉽죠. 정말 좋은 글을 쓰는 지면도 거의 없어지고, 언론 종사자들의 세대도 바뀌고. 정 붙일 곳이 없어졌다고 해야 하나? 가끔 엉뚱한 글들 보면 또 열폭하고. (웃음) 요샌 다 산업에 대해 이야기하니까. 기사 꼭지가 '하반기 1000만 영화의 지형' 뭐 이런 식이니까. 그러니까 1000만 관객 안 들면 영화가 망한 것 같고. 이게 어떻게 된 거지? 개봉 기자회견 때 기자들 질문도 '이번에 관객 500만 넘으시면 공약 하나 걸어주시죠' 이런다니까요.

김영진 〈베를린〉 때 하지 않았어?

류승완 만만한 게 국토대장정 하라는 거죠. (웃음) 얼마 전에 어떤 팟캐스트 방송에 게스트로 나갔는데 진행자가 잘하는 거 뭐 있냐고 해서 걷는 거 잘한다고 했어요. 그랬더니 '〈베테랑〉 흥행하면 국토대장정 공약하시죠' 해서 내가 잘못했다고 그랬어요. (웃음)

나는 집에서 사무실 걸어 다니는 거로 충분한 사람인데.

김영진 세태를 받아들여야지 뭐. 어쩔 수 없어. 몇 년 전에 청소년영화제에서 영화인들이 중고생에게 강의하는 프로그램이 있었어. 나는 오전에 강의를 하고 오후에 다른 일정 때문에 점심 먹고 가려고 하는데 오후에도 강의를 하는 영화인들이 식당 근처에 삼삼오오 모여 있었어. 오랜만에 얼굴 보는 사람들끼리 인사하고 담배 피우며 한담하는데 변영주 감독이 뜬금없이 이런 이야기를 해. 옛날에 형들 있을 때 잘해줄걸. 감독들끼리 곧잘 이야기한다는 거야. 김영진 등등이 영화잡지에 있을 때 괜찮았다고. 요즘은 너무 외롭대. 자기가 오랜만에 영화를 찍고 개봉해보니까 리뷰도 인터뷰도 다 비슷하고. 난 속으로 '그러니까 있을 때 잘하지, 있을 때. 응?' 영화잡지가 세 개 네 개 있던 시절도 있었으니까.

류승완 에이, 그때는 또 그때대로 문제가 있었어요. 물론 좋은 지면도 있었지만 잡지들끼리 경쟁이 심해서 인터뷰 기사조차도 자극적으로 하려고. 예를 들어 《필름 2.0》 잡지에 대해 안 좋은 기억이 하나 있는데. 〈피도 눈물도 없이〉 끝나고 나서. 흥행이 생각보다 안 돼서 속상하긴 했는데 그렇게 최악의 상황은 아니었거든요. 근데 집에까지 와서 인터뷰했거든요.

김영진 누가?

류승완 모 기자가. 사람을 폐인으로 만들었어요. (웃음) 완전 루저로 만든 거야. 뭐야 이거?

김영진 그래서 그 모 기자가 나한테 야단을 많이 맞았어.

류승완 자기 생각대로 쓰니까. 좀 오버하는 기자들도 짜증 나죠. 힘도 없으면서 내가 너 키워줄게, 라는 듯 구는 그런 친구들 있잖아요.

김영진 근데 여전히 그런 기자들이 만나자고 하면 만나야 하잖아.

류승완 홍보팀들이 잡으니까.

김영진 세월이 가면 변화가 있냐?

류승완 아뇨. 예전에 힘들게 했던 기자는 지금 만나도 힘들어요. 힘들어 죽어요. 아니, 커버 사진 찍는데 액션 하는 포즈 취해달라고 해서 발차기하는 사진 찍고.

김영진 (웃음) 그래도 말은 잘 들어.

류승완 장사해야지. (웃음) 앞에선 말 잘 듣죠.

우리 스스로 변혁의 중심에 있다는 걸
알고 있었던 것 같아요.

'아메리칸 뉴 시네마' 같은 느낌이랄까.

김영진 감독들끼리도 영화 보면 서로 평하잖아.

류승완 그게 제일 재밌죠.

김영진 당신이 자주 만나는 감독들 있잖아.

류승완 요새는 다들 바빠서 잘 못 만나요. 한창 만날 때가 2000년에 저 데뷔하고 박찬욱 감독님 〈공동경비구역 JSA〉(2000) 나오고 김지운 감독님 〈반칙왕〉(2000) 나오고 봉준호 형 〈플란다스의 개〉(2000) 나오고. 그때부터 〈살인의 추억〉(2003), 〈올드보이〉(2003), 〈장화, 홍련〉(2003) 나오고 이때까지 한참 자주 어울렸던 것 같아요. 〈남극일기〉(2005) 임필성 감독이랑 〈지구를 지켜라!〉 장준환 감독까지 합세해서. 2003~2004년까지. 그땐 우리끼리 영화 보는 모임이었으니까. DVD가 막 보급되던 때라, 김지운 감독님 아는 분을 통해 강남에 있던 DVD 홈시어터 체험관에 가서 각자 가져온 DVD로 매주 영화 보고 그랬죠. 서로 집도 자주 드나들었어요. 김지운 감독님 집에 가서 영화 보고, 우리 집 와서 영화 보고, 극장 가서 시사회 같이 보고. 클린트 이스트우드의 〈스페이스 카우보이〉(2000) 같은 영화들 나오면 함께 보고 이야기하고. 신작 나오면 서로 시사회 가서 영화 보고. 당시 잡지들 보면 서로 영화 개봉할 때 우르르 가서 보고 그룹으로 인터뷰하고 그런 것도 많았거든요. 우리 스스로 변혁의 중심에 있다는 걸 알고 있었던 것 같아요. 마치 1970년대의 미국에 일었던 '아메리칸 뉴 시네마' 같은 느낌이랄까. 〈대부〉, 〈비열한 거리〉(1973), 〈엑소시스트〉(1973) 계속 빵빵 터지면서 프랜시스 포드 코폴라, 마틴 스코세이지, 윌리엄 프리드킨 감독 등이 서로 친구, 형, 동생 하면서 할리우드를 접수하던 분위기. 우리도 확연하게 이전 세대와 단절되는 느낌이 있었어요. 그걸 또 즐겼고. 비평가나 기자들도 호응해줬죠. 실제로 박찬욱 감독님 경우는 비평가 생활을 하셨던 분이고. 김지운 감독님도 글 잘 쓰시니까 고정 칼럼도 쓰셨고. 다들 글 쓰고, 영화 보고, 이야기하고, 서로 현장 찾아가고. 지금도 서로 현장 찾아가는 건 자주 하지만. 각자 너무 바빠진 거죠. 외국에 체류하는 시간도 많아지고. 일들이 많아졌어요. 영화계에서 요구하는 일들이 많아졌고. 미장센 영화제도 그렇고, 어디 영화제에 불려 다니는 일이 많아지니까. 우리가 한가하게 잡담을 나눌 수 있는 시간이 줄어든 거죠.

김영진 격세지감이네.

류승완 2014년 연말에 주성철 기자가 쓴 책 『데뷔의 순간』을 읽고 박찬욱 감독님한테 연락 와서 이거 보니까 옛날 생각난다, 우리 오랜만에 뭉치자 연락 돌려서 송년회 모임처럼 뭉쳤어요. 봉준호 형이 "우리 이렇게 다 모인 게 7년 만이야" 이러는 거예요. 다 누구 하나씩 이빨이 빠졌던 거죠. 그날 만나서 이야기하고 기분 좋게 새벽까지 술 마셨는데. 서로 각자의 영역들이 커지니까 뭉쳐 다니고 했던 시절을 그리워하게 된 것 같아요.

김영진 당신들끼리 서로 비평하지 않아?

류승완 서로 대놓고 씹지 않죠. 시간이 흐르고 나서 이야기해요. 개봉 때 이야기해봐야 귀에 안 들리니까. 저는 그 그룹의 막내니까 저한테는 솔직하게 이야기해요. 저는 선배들의 영화를 별로 비평 안 해요. 또 실제로도 선배들이 만든 영화들이 좋고, 재밌고, 제가 못 가진 것들이 나오니까. 비평한다면 이를테면 이런 식이죠. 〈반칙왕〉에 대해서 김지운 감독님한테도 몇 번 말했던 건데. 나는 마지막 장면은 시나리오의 원래 결말이 더 좋았던 것 같아요. 부장을 어쨌건 상에서 한판 패대기치고 주인공이 서부의 주인공처럼 유유히 가는 그 결말로 가야 더 통쾌했을 거라고 생각해요. 근데 서로 감독이니까 그걸 이야기해봐야 뭐, 본인도 알 거란 말이죠. 이심전심이 있는 것 같아요.

김영진 그들이 당신 영화에 대해서 평하는 건 뭐야. 어떻게 이야기를 해줬어?

류승완 글쎄요. 예를 들면 〈아라한 장풍대작전〉 같은 경우에는 시사회 끝나고 엔딩이 너무 길다, 좀 잘랐으면 좋겠다.

김영진 잘랐나?

류승완 안 잘랐죠. (웃음) 아, 그리고 우리가 서로 시나리오를 돌려보거든요. 저는 선배들한테 적극적으로 모니터를 받는 편이고. 봉준호 형은 보여 달라고 해야 보여주고. 박찬욱 감독님은 시나리오 쓰다가 약간 헷갈릴 때 보고 이야기 좀 해 달라 그러고. 시나리오 단계 때는 이야기를 많이 하는 것 같아요. 그리고 이제는 나이가 드니까 사람들이 여유롭고 관대해졌어. (웃음) 그게 있겠죠. 서로 작품에 대한 호감이 있으니까 만나는 것 같아요.

김영진 극장판 〈다찌마와 리〉 때는 어땠어?

류승완 그때는 다들 입들을 다물던데요. (웃음) 그래서 아, 이게 잘못됐구나.

김영진 굳이 이야기를 안 했나?

류승완 대부분 이상했다고 그랬던 것 같아요. 아, 승범이 연기 재밌었다는 반응……. 그 밖엔 특별히 기억이 안 나네.

김영진 〈짝패〉는?

류승완 아, 〈짝패〉는 다들 좋아했어요. 되게 재밌었다고. 박찬욱 감독님은 〈짝패〉 시사회 때 못 보셨는데, 그때 박 감독님이 〈싸이보그지만 괜찮아〉(2006) 촬영하고 계셨었나? 문자가 왔어요. 제가 원래 〈짝패〉를, 박 감독님 회사에서 제작하려고 했었거든요. 시나리오를 보여드렸더니 "야 너 뭐야, 액션 포르노를 만들려고 그러는 거니?" 해서 제가 상처를 심하게 받았지. 그래서 제 집사람이 "하지 마! 우리가 해!" 그러고. (웃음) 만들고 나서 박 감독님 반응이…… 그때 기분 진짜 좋았어요. 부산에서 촬영하시다가 영화 보시고 문자가 왔는데. '영화 진짜 재밌더라. 이럴 줄 알았으면 내가 제작할 걸. 그리고 몇몇 액션 장면에서는 경탄해 마지않았어'라고 하셨죠. 정확하게 기억해요. 그때 좀 약간 찡했어요.

김영진 그땐 내가 잡지에 있을 때라 시사회 끝나고 전화가 왔어. 〈짝패〉 봤냐고.

류승완 박 감독님이?

김영진 응. 잘 만들었어. 재밌는데, 근데 결말이 좀 그래. 다 죽어 나자빠져서. 좀 안 그러면 안 되나? 그랬더니 아이, 걔가 어려서 그래. (웃음) 그랬다고.

류승완 (웃음) 그때 〈짝패〉 원래 시나리오 결말이, 사실 예산 때문에 그렇게 한 거였어요. 원래는 석환(류승완)이가 칼에 찔린 태수(정두홍)를 차에 태우고 병원으로 가려고 빠져나오는데, 그게 관광특구 지정을 두고 벌어지는 싸움이잖아요. 관광특구 지정이 돼. 근데 얘가 병원을 가는 길에 그 지점에서 퍼레이드가 열려요. 그 축하 퍼레이드 때문에 차가 밀려서 못 나가고, 피는 계속 흐르고, 그걸 보면서 석환이가 '아이 시발' 그러고 끝나는 거거든요.

김영진 괜찮았을 것 같은데. 근데 퍼레이드를 뚫고 차가 멀어져가는 거로 끝나야지.

류승완 예산이 모자라서 뭐든 할 수 없었어요. 제가 되게 찍고 싶었던 장면이 있어요. 이범수 선배가 김병옥 선배를 시멘트 달아서 저수지에 빠트리잖아요. 김병옥 선배가 빠져서 저수지 바닥에 툭, 닿으면 거기에 사람들이 쫙 있어. 시체들이. 저수지에 이미 그렇게 빠져 죽은 사람들이 쫙 있는 거죠.

김영진 요즘엔 CG로도 할 수 있을 것 같은데.

류승완 〈경성학교〉(2014)에 그런 게 나오더라고요. 근데 그땐 예산이 없어서. 수중 촬영에 더미를 만들어야 하니까. 만약 그 엔딩의 관광특구 장면이 있었으면 영화가 원래 품고 있었던, 지역개발로 인해 파멸된 관계들을 그린 게 살았을 텐데.

김영진 경제학자 우석훈 박사가 그런 평을 썼잖아.

류승완 우석훈 박사가 〈짝패〉 이야기를 아직도 해요. 그 양반이 시나리오도 쓰고 그랬잖아요. 『모피아』라고 소설도 썼어요. 영화로 하려 했다가 안 돼서 소설로 썼는데. 우석훈 박사 그런 양반들 시선 받으면 기운이 생기죠. 근데 저는 지난번에도 말씀드렸지만 누가 또 칭찬하면 의심해. 저는 선배들의 성공과 몰락을 지켜봤잖아요.

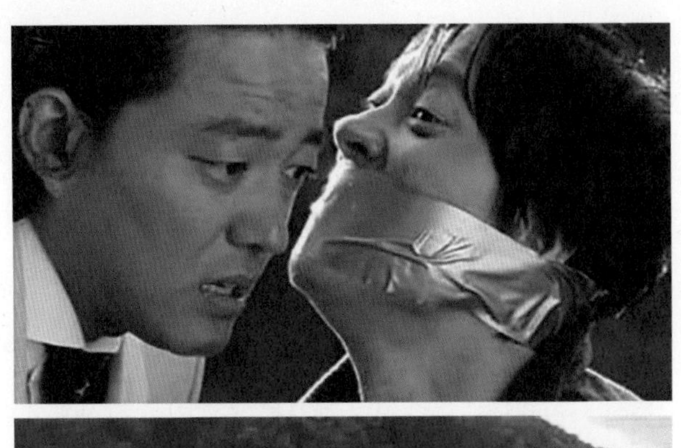

김영진 몰락한 선배가 누가 있어?

류승완 우리 앞세대 선배들. 뭔가 성공의 정점에서 아주 크게도 아니고 약간 다른 쪽으로 보폭을 살짝 옮겼는데 완전 엉뚱한 길로 빠진. 아무리 비평적 환대를 받는다고, 기록적인 흥행을 한다 해도 거기에 취하는 순간 사람이 갈 수 있다, 이게 좀, 어려서부터 그런 훈련을 했던 것 같아요. 이게 한때지, 저 사람들이 언제든 내 등에 칼 꽂을 수 있다고. 칭찬해주니까 기분은 좋지만. 실제로 취하기도 하는데, 사람인데, 영화제 같은 데 가면 사람들 반응에 휘말리고 그러죠. 영화제에서 기립박수 받고 서양 사람들이 사인해달라고 그러면 헷갈리지. 하지만 현실에서 발이 약간 붕 뜨는 순간 어디로 날아갈지 모른다는, 공포라고 할 수 있는 그런 게 제 안에 깊게 있는 것 같아요. 그리고 사람이 그렇잖아요. 안 좋은 말이 더 깊게 남잖아요. 그러니까 좋은 이야기는 기분 전환용으로. 거기에 취하거나 기대지 말자.

김영진 〈취화선〉(2002)이 칸에서 상 받고 돌아와서 종로 근처 포장마차에서 축하 술자리를 갖는데 태흥영화사의 이태원 대표가 투자자였던 강우석 감독과 기자들이 있는데 이런 말을 했어. 그 자리엔 젊은 감독들도 많았는데 나를 가리키며 "이런 애들 말 너무 믿지 마라. 이런 애들이 칭찬하는 것도 따지고 보면 다 잡지 팔아먹으려고 그러는 거야. 니들 소용 가치 없어지면 얘

들 싹 안면 바꾼다. 잘나갈 때 잘해라". (웃음)

근데 당신 영화가 〈부당거래〉까지는 관객 300만을 넘긴 게 없잖아? 흥행실적이 그랬던 것도 거꾸로 이야기하면 긴장이 유지되는 요인이기도 했을 텐데.

류승완 제가 운이 좋았던 게, 운칠기삼이에요. 진짜로. 운이 좋았어요. 히트작이 없는데도 적당히 주목받으면서 계속 왔던 거예요. 제가 도취할 만큼 성공한 게 없었어요. 동 세대에 영화 잘 만드는 사람이 너무 많으니까 짜증도 나요. 어지간히 만들어야 하는데, 잘 만드니까.

김영진 너무 많지는 않지.

류승완 많죠. 박찬욱, 김지운, 봉준호, 장준환, 임필성 요 멤버들은 모양 안 빠지게 만드는 사람이고. 나홍진 나타났지, 최동훈 있지, 없었단 말이에요. 스타트할 때는 없었는데 갑자기 중간에서 막 치고 들어오니까. 박찬욱 감독님, 김지운 감독님 만나면 빨리 미국 가서 정착하라고. 이제 자리 잡고 살려는데 갈 사람들 가라고 좀. 나도 좀 살자고. (웃음)

저는 그 긴장이 계속 있긴 한 것 같아요. 이 사람들이 제 페이스메이커는 아닌데. 내가 어찌 보면 이 사람들 등만 바라보고 계속 뛰니까. 만약 제가 독보적인 존재였으면 방향성을 잃고 그랬을 것 같은데.

김영진 지금 갖고 있는 당신 아이템이 몇 개 있어?

류승완 일단 계획하고 있는 게 〈군함도〉, 〈로비스트〉, 〈베테랑〉 속편 이야기도 하고 있고.

김영진 벌써 속편 이야기하고 있어?

류승완 이 캐릭터 아깝잖아요.

김영진 천년만년 우려먹겠는데? (웃음) 3탄까지 나오겠어? 유아인이 연기를 잘하더라. 에너지가 대단해.

류승완 다른 세대라는 느낌은 좀 있어요. 유아인이 갖는 개성이겠지.

김영진 유아인 같은 배우는 어때. 서로 이야기 많이 해?

류승완 이야기 많이 안 했어요. 저는 근데 지금도 배우들하고 어떤 이야기를 해야 될 지 잘 몰라. 스타들은 항상 어려워요. 술자리 같이하고 있으면 신기해요. 내가 그 자리에 같이 있다는 게.

김영진 황정민하고는 많이 했잖아.

류승완 많이 한 건 아니죠. 두 작품 했죠. 그쪽은 완전 다 열어놓고 막. 〈부당거래〉 할 때는 서로 예의가 있었지. 지금도 예의와 존중이 있는데. 어쨌든 그거 하면서 역할도 어둡고 그랬으니까 친해졌어요. 황정민 선배가 저랑 비슷한 지점이 있어. 그 양반이 〈바람난 가족〉(2003)을 할 때, 그때는 이미 알려진 배우였잖아요. 나 처음 알았는데, 가락시장에서 얼음 나르는 일을 했대.

김영진 〈바람난 가족〉 할 때까지?

류승완 촬영하면서.

김영진 먹고 살기 힘들어서?

류승완 네. 집안 빚이 남아 있어서. 그런 걸 되게 거리낌 없이 하는 사람이에요. 현장에서도 뭐 나르고. 이 사람은 모니터가 이동할 때 절대 혼자 이동 안 해요. 의자라도 들고 움직여야 하는 사람이야. 그런 게 좀, 저는 그런 모습을 보이는 사람을 보면 편해져요. 그리고 황 선배와 하면서 익힌 게 있어요. 리더십이 있는 스타와 일하면 이렇게 편하게 일할 수 있구나. 이 사람하고 일하면 이 사람이 현장을 주도하니까 내가 편한 거죠. 일일이 상대할 필요가 없으니까. 옛날에는 주도권 싸움이 있었던 것 같아요. 내가 감독이니까 현장에서 최고 자리가 아니면 조금 불편했죠. 어차피 내가 싫으면 한 번 더 가고 좋으면 OK인데. 굳이 설칠 필요가 없겠더라고요. 어릴 땐 몰랐는데 이젠 알겠더라고요. 칼자루는 내가 쥐고 있다는 걸 알게 되니까. 돌이켜보면 내가 왜 성질 내고 집어 던지고 욕하고 그랬는지 모르겠어요. 예전에는 그게 맞는 줄 알았어요. 노동도 스태프들과 똑같이 하고 바닥에 물 뿌리는 것도 같이하고. 연출부 할 때 습성이 남아있어서 그랬나. 강풍기 잘못 돌리면 비켜, 나와, 하고 내가 돌리고. 그러다가 배우들 연기하는 거 못 보고. (웃음) 생각을 해보면 제가 퍼포먼스를 했었던 것 같아요. 현장에서 이런 연출을 한다는 퍼포먼스. 내가 현장에서 해야 할 역할은 영화를 찍는 건데, 주체를 못 한 거죠. 제 영화에 좋지 않은 영향이 있었던 것 같아요. 감독은 거리를 두고 좀 냉정한 시선을 유지하면서 가야 하는데. 요새 그런 것들에 대해 적응을 해요.

김영진 황정민은 자기랑 합이 맞아서 그런 거잖아. 황정민도 합 안 맞는 감독들이 있잖아.

류승완 제가 만약에 저 스스로 퍼포먼스를 하고 뜨거운 시절에 만났으면 안 맞았을 것 같아요. 내가 쥐고 있어야 할 거랑 놔야 할 게 이제는 판단이 되니까. 그래서 좀 편해진 거지.

김영진 황정민 〈로드무비〉(2002) 출연했을 때 케이블 방송 인터뷰를 하고 짧게 뒤풀이를 한 적이 있었어. 그때는 신인배우 아니야. 체력이 떨어져서 그랬는지 술을 잘 못 마시고 맥주 한 잔에 얼굴 발개지더라고. 〈전설의 주먹〉(2012) 전주 국제영화제에서 상영하고 뒤풀이를 하는데 술을 빠른 속도로 척척 마셔서 원래 술 못 마시지 않느냐고 했더니 그런 적 없었다고 해. 아무튼 그때의 황정민이 오늘의 황정민이 될 줄은 몰랐지. 〈너는 내 운명〉(2005)으로 크게 뜬 뒤에 광화문에서 털털한 옷차림에 배낭 메고 지하철 계단을 오르는 그와 마주쳤어. "이렇게 다녀도 돼?" 했더니 "왜요?" "아니, 그래도 떴는데 이렇게 지하철 타고 다녀도 돼요?" "뭐 어때요, 아무도 못 알아보는데."

씩 웃고 가더라고.

류승완 황 선배 첫차가 승범이가 타던 아토스예요. 승범이가 〈와이키키 브라더스〉(2001) 촬영하면서 아토스를 타고 다닌 거야. 그러다 차를 바꾸면서 정민이 형 타라고 준 거야. 그게 황 선배 첫차야. 그 차를 아직도 안 팔고 있어요. 자기 처제한테 맡겨놓고 절대 팔지 말라고. 이게 내 첫차고 승범이한테 받은 거니까 절대 팔지 말라고. 사람이 그런 게 있어요. 그런 면에서는 되게 보수적인 사람이죠. 저한테는 잘 맞는 사람이죠. 멋있어요. 항상 진심으로 먼저 지갑 꺼내고.

김영진 하하하하.

류승완 그게 시늉인 사람이 있잖아요. 근데 그 사람은 항상 자기가 먼저 지갑 꺼내. 연기 생활하면서 굴곡이 있었으니까. 이젠 편안하게 작업을 하는 거죠.

김영진 의외로 그전까진 배우들을 잘 다루는 감독은 아니었던 것 같아. 그렇지?

류승완 이제 와 돌이키면 정말 미안하고 아쉬운 게, 〈피도 눈물도 없이〉 할 때 전도연이라는 배우를 잘 활용하지 못했던 거예요. 전도연이라는 배우를 훨씬 더 매력적인 상황 안에 처한 온전한 여자의 이야기로 해야 했는데 제가 그걸 몰랐던 거죠. 제가 게으르다고 했던 지점이 그거에요. 서툴러서 그런 걸 할 줄 몰랐던 거죠. 그

런데도 영화 만들고 나서 누아르란 이런 거야, 멋모르고 뻐기고 다니고. 그때 인터뷰가 되게 부끄러워요. 잘 알지도 못하는 애가 젠체하고 다녔으니. 내 이야기도 아닌데 남의 이야기를 내 이야기처럼 하고 있었으니. 그냥, 대접받고 싶었던 것 같아요. 비평가들도 주변 사람들도 호의적이었으니까.

무모하게 했어요. 장면 하나도 여러 번 무지막지하게 찍고. 〈아라한 장풍대작전〉까지 그랬죠. 배우들의 대사 말꼬리 하나까지 제가 원하는 방식으로 했어요. 그게 제 연출방식이었어요.

김영진 배우들이 다 들어줬어? 그걸?

류승완 계속 밀어붙였죠. 제가 하고 싶은 대로. 한참 후 일인데 언젠가 승범이가 촬영 마치고 이동하는 차 안에서 〈피도 눈물도 없이〉를 비디오로 다시 봤대요. 그런 이야기를 하더라고요. "형, 배우들 연기가 다 똑같아. 모두 다 류승완화 되어있어." 그 영화를 찍을 때 저는 그걸 '시발, 내가 다 장악했다'라고 생각했어요. 수많은 인물이 각자의 색깔로 나와야 하는데 제가 통제를 해버렸으니까. 자율적인 움직임 안에서 갖는 질서여야 하는데. 그걸 깨기 시작한 게 〈아라한 장풍대작전〉을 할 때 배우로서 개안하기 시작한 류승범과 작업하면서부터예요. 〈주먹이 운다〉에선 최민식이라는 거물 배우를 만나 제 방식이 바뀌었죠. 지금은 많이 달라졌어요. 여전히 제 취향이 있긴 하지만.

저는 〈피도 눈물도 없이〉 할 때 전도연 씨한테 너무 고마운 게, 굉장히 영리한 사람이에요. 머신 같다고 해야 하나. 뭘 요구하면 팍팍 나와요. 증폭이 되게 넓고. 액션 찍을 때 감도 되게 좋아. 그런 여배우와 일을 해봤다는 게 감사하죠.

김영진 앞으로도 하면 되지 뭐.

류승완 그렇죠. 오승욱 감독 영화 〈무뢰한〉보는 데 감탄했어요. 정말 보석이다, 전도연.

김영진 당신 이창동 감독의 〈오아시스〉(2002) 출연할 때 에피소드가 생각난다. 내가 그렇게 배우가 하고 싶냐고 놀렸더니 당신 왈, 한국에서 배우 연기지도를 가장 잘하는 감독은 이창동 감독이라고 생각한다, 그래서 이참에 그의 연기지도 비밀을 알아내려 한다고 그랬지. 촬영 끝나고 어땠느냐고 물어봤더니 당신이 그랬어. "뭐 별거 없던데요. 그냥 될 때까지 시키던데요." (웃음) 이 말을 이창동 감독께 전해드렸더니 그렇게 즐거워하시더라고.

류승완 하하하.

김영진 〈베테랑〉은 배우들이 놀게 놔뒀지?

류승완 그렇죠. 배우들에게 일일이 연기연출 하고 그러지 않았죠. 제가 가짜 사투리를 되게 못 견뎌 해요. 제 어머니 고향이 부산이고 할머니가 목포야. 제가 남부 사투리 구분은 다 해요. 전 옛날부터 누가 TV에서 가짜 사투리 하면 되게 못 견뎌 했어요. 전 지금도 제 영화 안에서 사투리에 대해서 되게 엄격해요. 〈주먹이 운다〉에서 변희봉 선생님이 대사를 하시는데 충청도 사투리가 잘 안 붙으시더라고요. 그래서 선생님 고향 말의 뉘앙스를 살려 서울 사람이 아닌 느낌으로, 선생님 말투로 하시라고 했죠. 근데 〈베를린〉에선 배우들이 감정도 잡아야 하는데 대사를 다 완전 외국어 하듯 해야 하니까. 제가 평양 사투리를 어느 정도 흉내 낼 정도로 했어요. 제가 배우들 사투리 허점을 계속 잡으니까 배우들이 너무 힘들어했어요. 저도 스트레스 받았죠. 그래서 이번에는 배우들이 아예 그냥 자기 말로 맘대로 하라고 해놓고 저는 밸런스 조절만 했죠. 배우들 연기가 전체적으로 약간 떠 있는데 시퀀스 별로 큰 흐름에서 보면 가라앉아 있는 것과 떠 있는 것이 구분돼요. 그래서 저는 밸런스 조절만. 전체적으로 약간 떠 있는데. 〈베테랑〉 촬영은 쥐어짜면서 하기 싫었어요. 현장에서 좋은 거 있으면 다 받아먹는 식으로 하고 싶었죠. 새로운 아이디어가 나오면 찍으면서 확인해 보고 좋으면 그대로 갔죠. 〈주먹이 운다〉 할 때 그런 기분이 조금 있었어요. 그 직전 영화 〈아라한 장풍대작전〉 때 세트 촬영하면서 너무 힘들었거든요. 엔딩 찍을 때 배우들 몸 상태가 최악이었어요. 스턴트맨들도 다 다친 상태였고. 승범이도 온몸에 근육통이 들어 힘들어하는데 제작사였던 좋은영화사 김미희 대표님은 액션영화를 처음 만들어보니까 자꾸 '좀 더, 더, 더' 주문하는데 정두홍 감독과 저는 더 어떻게 하냐고, 힘들어 죽겠더라고. 못 하겠다 포기하려 하면 김미희 대표님이 보약 사 들고 세트장 와서 "더 잘 찍어주실 거죠?" 배시시 웃으며 부탁하시고. 와, 미치겠더라고요. 그때 김포 실내 세트장에서만 한 달을 찍었는데 스태프들 사이에 괴질이 돌았어요. 사람들이 집단으로 설사증세를 보이니까 보건당국에서 파견 나왔어요. 어떻게 하면 되냐고 했더니 보건당국자 말이 여기 지금 괴질 돌고 있으니까 스태프들 괄약근에 면봉을 꽂아서 그걸 제출해야 한다는 거예요. 짜증 나서 뭐야? 80여 명의 스태프들이 있었는데 면봉 80개 꽂으면 휴가 준다고 했더니 조명부 막내가 번쩍 손을! (웃음) 하루 쉬려고. 걔 결국 숙소에서 뻗어서 움직이지도 못하고 그랬죠.

세트장에서 장면을 만들고 찍는 게 너무 힘드니까 〈주먹이 운다〉는 데뷔작 〈죽거나 혹은 나쁘거나〉처럼 길거리에서 찍고 싶은 거예요. 원칙도 정해두지 않고 거리에서 상황 흘러가는 대로 찍으니까 영화 진도가 쑥쑥 나가는 거야. 어딘가에 갇혀있다가 빵 뚫리는 느낌으로 찍었거든요. 〈베테랑〉이 그런 식으로 갔던 것 같아요. 〈주먹이 운다〉는 너무 묵직한 느낌이었지만.

이번에는 워낙 제가 잘할 수 있는 것들이어서 편하게 했죠.

김영진 〈부당거래〉도 야외촬영이 많지 않았어?

류승완 밖에서 찍느냐 세트 안에서 찍느냐의 문제만이 아니라 저 스스로가 갇혀 있느냐의 문제죠.

김영진 익숙하고 편하고 그런 거라는 거지?

류승완 〈부당거래〉는 뭐가 되게 잘 맞아 떨어졌던 것 같아요. 현장에서 황정민과 류승범 호흡이 워낙 좋으니까. 그리고 〈다찌마와 리〉 끝나고 난 후라 이 악물고 열심히 했어요. 배우 캐스팅, 로케이션 이런 걸, 내가 한번 보여줄게. 이 악물었죠. 〈다찌마와 리〉 극장판 망하니까 사람들이 내 연락 안 받았다고 했잖아요. 이게 마지막일 수도 있다는 생각으로 했어요. 제가 받았던 대본 버전을 사람들이 다 안 좋아했었거든요. 처음으로 손발 맞춘 스태프들이 많았는데도 〈부당거래〉 현장이 되게 잘 돌아갔어요. 현장 메이킹 스틸 보면, 물론 예민한 순간들은 언제나 있지만, 스태프와 배우들이 장난치고 웃고 있는 사진들이 많아요. 제가 인상 쓰고 있는 사진이 별로 없어요. 또 좋았던 게, 제가 항상 작업했던 김수현, 안길강, 김기천 이런 배우분들도 나오지만 마동석, 김민재, 이희준 이런 새로운 멤버들이 나오잖아요. 이전에 작업했던 배우들과 새로 작업하는 배우들이 자연스레 팀이 됐죠. 송새벽과 이미도도 있었고. 배우들 캐스팅이 좋았어요. 현장에서 배우들 에너지를 얻으면서 찍었던 것 같아요. 제가 원했던 이미지들이 잘 나왔고. 촬영 끝나고 박찬욱 감독님이 편집본 보고 "승완아, 어떡하려고 그러니? 영화가 너무 지루하다. 복잡하고" 그러셨어요. 당황했죠. 어떡하면 좋겠냐고 여쭤봤더니 박 감독님이 이 영화는 관객이 실제 있었던 일처럼 인지해야 한다, 다큐멘터리 느낌으로 가야 한다, 워낙 복잡하기도 하니 자막을 적극적으로 사용하는 게 어떻겠냐, 사건이 언제 벌어졌는지 시간대를 알려줘야 한다. 후반 작업할 때 적극적으로 사건별 시간대를 넣어서 지금 버전이 된 거죠. 그런 도움도 받았고 음악도 되게 좋았죠.

김영진 당신 영화에 이런 점이 있지. 〈아라한 장풍대작전〉의 경우 중간 부분이 제일 재밌고, 마지막에 늘어지지. 당신이 스트레스 받았던 지적은 당신 영화에 리듬감이 없다는 건데. 〈다찌마와 리〉 끝나고 만났을 때 당신이 그랬어. 알았다고, 확실히 알았다고. TV로 본 인기 미국 드라마 시리즈 이야기하면서. 〈부당거래〉는 그때까지 당신 영화들 가운데 장면 전환이 가장 잘된 영화야. 끝까지 밀고 쭉 가버리지. 거의 유일했던 것 같아. 한 번도 질척거리지 않고.

류승완 김상범 편집감독님의 도움이 커요. 팍팍 나갔다가 집중할 때는 확 집중하고. 〈피도 눈물도 없이〉 때는 김 감독님을 제가 어려워했죠. <부당거래>는 서로 잘 통한 거죠. 김 감독님은 특별히 변한 게 없는데 받아들이는 제 입장이 바뀐 거죠. 김 감독님이 <부당거래> 작업하면서 저에게 "류 감독 옛날에 어땠는지 알아? 프레임 단위로 요구했었어" 그러시더라고요. 김 감독님은 감독, 특히 신인감독들한테 여하튼 맞춰주려고 하시는 분이니까. 그런 이야길 들으면 '아, 진짜 나는 천둥벌거숭이였구나' 생각이 드는 거예요. 데뷔 시절에는 컷을 화려하게 쪼개는 게 스타일이라고 생각했는데. <부당거래> 때는 그게 생긴 것 같아요. '커팅의 기준.' <주먹이 운다>부터 있긴 했는데, <부당거래> 작업으로 명확해진 것 같아요. 영화의 최소 단위를 무엇으로 볼 것이냐. 구상한 커트를 준비해서 이어 붙이는 방식이었죠. 쇼트마다 이미지를 만들어내고 다음 쇼트를 만들 때 더블 액션(시선과 방향이 어긋나지 않게 앞 화면과 뒤 화면을 이어붙이는 방식)을 맞춰서 이어 붙이는. 그러려면 그에 앞서 화면 안에 상황과 인물들의 동선을 잘 만들어야 하는 건데요. 저는 엉뚱하게 액션 장면에만 충실했어요. 액션 장면 외에 드라마를 풀어나가는 장면들이나 배우들의 연기를 담는 것들은 제 머릿속의 콘티대로만 했죠. 배우들의 연기가 유기적으로 연결돼야 하는데 대화 장면들 같은 경우에는 뭔가 덜그럭거리고. 예전에 <피도 눈물도 없이>에서는 영화의 1번 컷부터 천몇 번

컷까지 있다고 보면 모든 컷의 셋업, 카메라 위치를 다 다르게 하겠다는 쪽이었거든요. 그게 그럴 필요가 있나, 그런 생각이 점점 드는 거죠. 〈부당거래〉를 찍으면서 좋았던 건 짧은 컷과 긴 컷의 배분을 나름 잘했던 것 같아요. 화면 사이즈의 변화, 렌즈의 변화로 균형을 잘 잡은 거죠. 작품 할 때마다, 인터뷰할 때마다 그랬던 것 같아요. 이젠 알 것 같다고. 근데 영업용이지. (웃음) 알긴 뭘 알아. 한 작품 하고 나면 어렴풋이 뭔가가 잡힐 때가 있어요. 근데 그걸 알았다고 착각하는 거죠. 지나고 보면 또 다른 문제에 봉착하게 되고. 그걸 해결했다고 생각했는데 또 다른 문제가 발생하고.

김영진 〈베테랑〉은 누가 편집한 거지?

류승완 김상범 감독님이요.

김영진 김상범 기사가 뭐라 그랬어?

류승완 특별한 말씀 안 하셨는데. 아! 시나리오 보시고서는 이건 해볼만 한 이야기다, 정확한 워딩은 기억이 안 나는데 보편적인 감수성을 건드릴 수 있는 이야기라고 하셨죠. 김 감독님이 제 상태를, 〈베를린〉 할 때 힘들어했던 거 너무 잘 아셨으니까. 제가 어떤 영화를 지향하는지도 아셨고. 김 감독님이 의외로 액션 컷 붙이는 건 그냥 류 감독이 해, 이러고. 김 감독님이 좋은 게, 편해졌어요. 우리는 이제 미세한 단위의 프레임은 신경 안 쓰고 큰 단위를 보니까. 김 감독님이 장면 배치 뒤집고 하는 게 대단하거든요. 박찬욱 감독님도 김상범 감독님의 그런 능력을 가장 인정하고.

김영진 바꾼 게 있어?

류승완 몇 개 있죠. (후배 형사가 다치는 사건이 발생한 다음에) 서도철 형사가 "판 뒤집혔다"라고 외치는 장면 다음에 붙는 장면이 지금 극장판 편집에서는 차를 수색하는 장면이에요. 서 형사 일행이 전 소장의 차 트렁크에서 최 상무가 살인청부 수고비로 준 달러를 찾아내죠. "이 새끼들 달러로 받았네?" 이러면서. 다음이 화물트럭 운전사 배 기사의 아내가 서 형사를 찾아와 대화하는 장면이죠. 그 장면에서 배 기사의 아내가 배 기사의 휴대폰 문자가 이상하다고 말하고 서 형사는 결정적인 단서를 잡죠. 그런데 원래는 장면 순서가 바뀌어있었어요. 배 기사 아내가 찾아오는 장면이 먼저 있었죠. 차 수색하는 장면을 잘 보시면 서도철 역의 황정민 선배가 박카스 병을 들고 차를 향해 가요. 그 박카스 병이 배 기사 아내가 가지고 온 것이거든. 순서가 바뀌어서 그게 좀 안 맞는데도 그렇게 했죠. 피해자이면서도 죄인처럼 주눅이 든 배 기사의 아내를 수사 흐름의 판이 바뀐 뒤에 보여주는 것이 훨씬 더 리듬감이 생길 것 같다는 이유였어요. 디테일에 집착하면 아무래도 박카스 병 때문에 앞

뒤가 안 맞으니까 안 했을 텐데. 김상범 감독님이 바꾸자 해도 선뜻 바꾸자 못 했을 텐데 제가 요즘 바뀐 태도가 그거에요. 영화가 좋은 건 연극과 달리 무대에서 한 번 하면 끝나는 게 아니니까. 예전에 필름 편집할 때는 바꾸는 게 번거로우니까 스트레스 받았는데 지금은 디지털이니까 해보고 아니면 또 바꾸면 되니까요. 제 육체나 정신을 쓰면 쓸수록 스트레스가 쌓이니까 '지시'와 '판단' 이게 감독으로서 가장 중요한 일이다, 그쪽으로 방향을 잡아서 가고 있어요. "그렇게 한번 해볼까요?" 하고 스태프들과 결과를 보는 거죠. 내심 약간은 바꾸지 않은 내 원래 의도를 스태프들이 편들어 주길 바라지. 근데 이 자식들 봐라, 바꾼 게 더 좋아? (웃음) 하면서도 흔쾌히 따르죠. 그런 게 쌓이니까 작업의 요령 같은 게 생긴 것 같아요. 더불어 일하는 요령.

요새는 제가 그 생각도 해요. 이게 다 좋자고 시작한 건데 굳이 스트레스받을 필요가 있나. 뭔가를 선택할 때, 이야기 소재를 선택할 때도 그렇고. 내가 즐길 만한 일인가, 그게 되게 중요한 선택 요소가 되는 것 같아요.

그냥 내가 하고 싶은 거,
표현하고 싶은 거 하자.

촌스럽건 어쨌건 그게 나니까.

김영진 주진우 기자와 친하지? 언제부터 친했어?

류승완 제가 〈다찌마와 리〉 끝나고 붕 떠 있을 땐데. 광화문 시위에 나갔다가 주진우 기자에게 잡혀서 취재를 한 적이 있어요. 인터뷰해달라고. 몽타주가 약간 날라리 같은데 발로 뛰게 생긴 스타일이야. 그래서 조건이 있다. 인터뷰를 하는 대신에 내가 필요한 소스에 대해 이야기해줄 수 있냐. 아, 좋다고. 그렇게 하고 연락을 몇 번 하고 만나서 요새 돌아가는 재밌는 소스 뭐 없냐, 하다가 주 기자한테 처음으로 영남제분 사건 내막도 듣고. 그래서 아, 이거 잘 만들면 코엔 영화처럼 할 수 있겠네, 이러고. 그러다가 제가 준비하는 것들이 진척 안 되는 가운데 외국인 마약상들 이야기하려다가 그쪽으로 간 거죠.

김영진 주진우 기자 그런 것도 알아?

류승완 장난 아니에요 진짜.

김영진 기사 쓰는 건 별로 없던데 뭘 그렇게 알아?

류승완 장난 아니에요. 역삼동 호텔 어디야? 깡패들 있는데.

김영진 르네상스?

류승완 네. 르네상스 사우나에서 살고 그래요. 할아버지들하고 이야기하고.

김영진 기사 잘 안 쓰잖아.

류승완 탐사 기사만 쓰지. 적들이 많아. 무서워하는 게 없으니까.

김영진 야, 근데 그 사람 그러다 큰일 나면 어떡하냐.

류승완 사람도 따라붙고 그랬어요.

김영진 국정원에서?

류승완 국정원인지 어딘지 모르는데 집 앞에 사람 기다리고. 한동안 자기 차도 없이 다녔어요. 신출귀몰이에요. 일부러 그렇게 다니는 것 같아요. 추적 못 하게 하려고. 〈부당거래〉 할 때 검찰 쪽, 경찰 쪽이 깡패들과 맺는 관계들, 취재로 도움을 많이 받았죠. 우리는 이걸 또 더블체크하니까. 검사들 만나고 경찰들 만나면서 용어들, 인과관계 만드는 인물들, 넣고 빼고 하는 거. 〈베를린〉 할 때도 도움 많이 받고. MBC에서 간첩 찾는 다큐멘터리를 방영했는데 주 기자와 같이했죠. 그걸 같이 하게 된 것도 주 기자 통해 연락이 들어왔던 거고. 그게 〈베를린〉 작업하기 위한 사전 단계였어요. 〈베를린〉에 실제 도움을 준 사람은 다큐멘터리에 안 나오지. 다큐멘터리에 나올 수 없는 사람들이 실제로 도움을 줬죠. 〈베테랑〉 할 때 중고차 절도단 이것도 주 기자한테 소스 받아서 한 거였으니까. 발이 워낙 넓어서 필요한 거 연락하면 잠깐만 기다리라 그러고 바로 연결해주죠.

김영진 연구 대상이다.

류승완 네.

김영진 옛날 드라마에서 보던 기자처럼 사네.

류승완 좀 안쓰러워. 동선이 어떻게 그렇게 나오는지 신기하고. 만나는 사람도 말도 안 되게 다양하고.

김영진 친화력이 좋은가 보지?

류승완 네. 친화력 좋고 넉살 좋고. 깡패들도 혼 내키는 스타일이지.

김영진 호리호리하잖아. 깡다구 있어?

류승완 깡다구 장난 아니죠. 아니 그, 주 기자가 쓴 책 보면 다 나와요. 지방 검사실 들어가서 난리 치고 사건 처음부터 다시 검토하게 하고. 얼마 전에 제 친구 아들내미가 학교에서 왕따를 겪었어요. 그 학교가 혁신학교라서 왕따 사건이 없어야 하거든요. 교사들이 이걸 덮으려고 한 거예요. 혁신학교에서 있어선 안 될 일이 생긴 거니까. 이 애 아버지가 제 고등학교 동창이거든요. 애 아버지가 고등학교에서 엄청 잘 나갔어요. 천하의 아무개 아들내미가 그렇게 당하니까 아버지 입장에서 죽겠는 거예요. 그래서 저번에 만나서 이야기하는데 야 씨, 그걸 진작에 이야기했어야지. 저는 해결 방법은 없는데 주 기자한테 전화했지. 그랬더니 주 기자가 학교에 전화한 거야. 그랬더니 바로 해결. (웃음)

김영진 대단하다 야.

류승완 '저희가 지켜보고 있습니다' 그러니까 그냥 바로 해결. (웃음) 그냥 기자가 아니잖아요. 〈베테랑〉의 주인공이 사실은 주 기자한테 영향을 받은 게 커요. 다른 형사 모델도 있는데, 제가 성인이 돼서 만나본 인물 중에 가장 매력적인 인물인 것 같아요.

김영진 그는 술도 안 마실 거 아냐.

류승완 술도 안 마시고 콜라만 마시고. 약속이 끊임없어. 그리고 누가 사람이 필요하다 그러면 무조건 가고. 거절이 없어. 자기를 필요로 한다 그러면. 지난 18대 대선 때 문재인하고 안철수하고 합의시킨 게 주 기자야. 판 짜서 한 거. 007작전 해서 일방통행 도로에서 거꾸로 들어오고 차 갈아타고 둘이 태워서 만나서 회담시킨 게 주진우. 오지랖이 넓지. 그러니까 그 집안은 어떻겠어요. 부인은 어떻겠어요. 속이 썩지.

김영진 탈 없인 살아? 월급은 꼬박꼬박 갖다 주냐?

류승완 아니 그러니까 주 기자가 신기한 게, 기자 월급 뻔하잖아요.

김영진 〈베테랑〉의 진짜 주인공이 주진우네.

류승완 하여튼 그 무렵에, 2009년 요 때부터 새로운 친구를 하나 얻은 거죠. 영화적으로도 제가 좀 확장될 수 있는 계기가 됐고. 인간적으로도. 지금도 가장 자주 연락하고 자주 만나고요.

김영진 그전에 취재할 땐 어떻게 했어?

류승완 다짜고짜 찾아가죠. 연출부들 풀어서 취재시키고. 제가 〈아라한 장풍대작전〉 때부터 취재 되게 열심히 했는데, 영화를 만들 때 제가 아는 상태로 들어가면 편하고 자유로워져요. 예를 들면 〈죽거나 혹은 나쁘거나〉, 〈주먹이 운다〉, 〈아라한 장풍대작전〉, 〈짝패〉.

김영진 〈아라한 장풍대작전〉 할 땐 누굴 취재한 거야?

류승완 도사들, 한물간 무술가들이요. 그런 사람들 만나서 낄낄대고. 공중부양학회 뭐 이런 것도 있어요. 세계공중부양학회. 세미나도 해요. 인터콘티넨털 호텔에서 했는데 그땐 우리 조감독을 보냈지. 갔더니 공중부양의 원리, 그런 걸 하더래요. 근데 동영상 촬영을 절대 불허하고. 세미나 입장비용도 몇만 원 해요. 공중부양 보여준다고 하긴 하는데. 바닥에 앉아서 콩콩콩콩. 제 자리에서 콩콩콩콩 점프만. (웃음)

김영진 (웃음) 그걸 다 진지하게 보고 있어?

류승완 네. 그 원리에 대해서 설명하죠. 선무도(禪武道) 훈련할 때 보면 앉은 자리에서 앞사람을 넘어서 앉는 그런 연습을 해요. 연습하면 되는 거거든요. 옛날에 들었는데, 축지법이 무엇인가. 우리가 생각하는 축지법이 단순하게 거리를 바꾸는 게 아니라는 거죠.

김영진 경보 아냐?

류승완 경보죠. 축지법이, 상대적으로 시간을 인식하게 만드는 거죠. 어떤 동작에 대한 훈련을 한 사람이, 예를 들어 복서들이 상대 펀치가 계속 들어오는 상태로 반복훈련을 하면 상대의 주먹이 보이게 되잖아요. 훈련을 안 한 사람은 못 보는 거고. 시간이 상대적인 게 되죠. 중국 무술은 약속대련이 있잖아요. 훈련을 많이 한 사람은 자기는 힘 안 들이고 천천히 해도 훈련이 안 된 사람한테는 빠르게 보이는 거죠. 그게 무술가들의 꿈이거든요. 어떤 무술이 강력하다는 걸 증명하려면 똑같은 신체 조건에 똑같은 훈련을 한 사람들이 무술로 붙어야 하는데, 영화에서 그걸 실현한 거죠. 〈매트릭스〉에서 나왔던 시간개념 있잖아요. 이 사람은 정석으로 움직이는데 고속으로 보이고, 그게 축지법의 원리인 거죠. 쿵후를 한 사람들이 훈련을 통해서 시간개념을 자기가 조절하는 거죠. 복싱 같은 거 해보면 나오는 거죠. 고수가 하수와 겨루는데 고수는 왼손으로만 슬슬 하는데도 하수의 주먹을 다 피하죠. 그게 사실은 별거 아닌 것 같은데 축지법인 거죠. 그런 이야기 듣고 이걸 어떻게 시각적으로 적용할까 고민했죠.

김영진 거기에 나온 도사들이 일정한 모델이 있어?

류승완 그렇죠. 영화에 나온 건 다 실제 에피소드에서 취한 거예요. 김영인 선생님이 왜, 가방에 돌 넣고 다니는 에피소드. 백제신검의 47대 전수자라는 분이 종로를 다닐 때 가방에 돌을 넣고 다니신대. 왜 그러냐고 했더니 안 그러면 너무 빨리 움직이니까

길 가다 부딪쳐서 내상을 입으면 회복이 안 된다고, 나 자신의 속도를 늦춰야 하기 때문에 이러고 다닌다고. (웃음) 승범이가 〈아라한 장풍대작전〉에서 달걀 위에 올라가서 깨지는 장면이 있어요. 촬영 때 달걀 위에 올라갔는데 그게 안 깨진 거야. 형광등 위도 걸어요. 달걀이 안 깨진 게 뭐냐면, 달걀이 엎어져 있으면 깨져. 근데 세워져 있으면 이게 힘을 분산시키니까 안 깨져요.

김영진 사기네?

류승완 아니, 그거는 '콜럼버스의 달걀'과 같은 원리인 거지. 그리고 우리 어렸을 때 무도인 송재철 관장이 TV에 나와서 비행기 끌고 그랬잖아요. 그것도 훈련을 조금만 하면 돼요. 끄는 방법이 있어요. 택견계승회 회장님이 이야기 많이 해줬죠. 무술가들 그거 다 거짓말이라면서 자기 이야기하고. 저 어려서 운동할 때 봤던 관장들 이야기, '실내에서는 장풍금지' 뭐 그런 건 어디 인터넷에서 본 게 재밌어서 넣었죠.

김영진 영화 속에서 류승범이 고수들을 처음 만났을 때 "나는 거 아니에요?"라고 물으니까 "뭘 날아" 하면서 고수들이 실제로 휙휙 날고. (웃음)

류승완 맞아 맞아. 저는 어렸을 때 그런 걸 좋아했으니까. 소자 영웅 스토리.

경찰
POLICE

김영진 당신도 의외로 기자적인 그런 게 있다.

류승완 제가요? 저는 사실을 왜곡해. 제 안으로 들어와서. (웃음)

김영진 나는 원래 평론가였지만 《씨네 21》에서 기자를 했고 그다음에 《필름 2.0》 편집위원으로 갔잖아. 평론만 쓰라는 제의를 받았지. 편하더라고. 《씨네 21》에서도 그런 제의를 받고 갔는데 거기는 취재를 할 게 많은 거야. 편집장들이 하라는 거 했어. 근데 처음에 전화하는 게 힘들었어. 섭외하는 거. 그게 엄청 스트레스더라고. 하이하게 이야기해야 하잖아. 한 3년 하니까 영화판 사람들 다 알게 되어서 나중엔 점점 편해졌는데.

류승완 저는 그런 걸 즐기는 건 아닌데. 그냥 하면 해요. 그런 건 일도 아니지. 책상에 앉아서 손만 움직이면 되는데. 여름엔 에어컨 나오고, 겨울엔 히터 나오고. 그까짓 것 종일도 하지. (웃음)

감독 되고 나서는 어디서 누구 만나자 그럼 피하진 않으니까. 귀찮아지는 관계들이 생기긴 하죠. 그런데 저는 약간 도를 지나치면 딱 끊어 버려요. 제가 그래서 웬만하면 얻어먹질 않지. 얻어먹는 순간 잘못되는 걸 알아서. 어쨌든 주진우 기자 만나고 했던 시기가 영화감독이 되고 나서 위기의식을 느꼈던 때에요. 영화전문기자 만나면 뻔하잖아. 영화계 만날 그 사람이 그 사람, 남 씹는 이야기. 어느 순간 그게 싫더라고. 제 삶에서 영화적인 소스들이 나와야 하는데 그저 영화감독 류승완을 헐

떡대면서 유지하는 거예요. 그것 때문에 자꾸 다른 세계 쪽 사람들을 만나려고 하는 것 같아요. 문제는 제가 다양한 세계 사람들을 못 만나는 거죠. 제 삶의 패턴이 있으니까.

김영진 정치인들 소재로 한 영화는 할 생각 없어?

류승완 좋은 이야기 있으면 할 생각 있죠.

김영진 정치 성향이 확실해?

류승완 아뇨, 저 그런 거 없어요. 굳이 따지자면 보수에 가깝죠. 우리나라 정치지형이 잘못되어 있으니까 상대적으로 제가 진보적으로 보이는지 몰라도. 제가 생각하는 정치영화라는 건, 전 〈부당거래〉도 정치영화라고 생각하거든요. 세 사람이 모여서 판을 짜면 정치거든요. 제가 액션을 좋아하는 것도 권력관계에서 생기는 암투와 배신, 그런 게 흥미롭잖아요. 〈하우스 오브 카드〉 이런 거 재밌죠.

김영진 근데 한국에선 그렇게 안 돼.

류승완 제가 구상 중인 로비스트 이야기가 있어요. 권력의 핵심부까지 도달했다가 추락하는. 그런 이야기 해 보고 싶어요.

김영진 주진우와 놀다 보면 소재 영역 확장이 많이 되겠는데?

류승완 주 기자가 영감을 많이 주죠.

김영진 그런 쪽의 다른 세계가 재밌잖아.

류승완 그런 사람들이 이야기도 풍부하죠. 요새 만나면 재밌는 사람이 정재승 박사. 완전히 모르는 세계에 대한 이야기를 하면.

김영진 그 사람과 무슨 이야기 하는데?

류승완 뇌과학자잖아요. 제가 우연히 정 박사 모임에 갔는데 음악 하는 사람, 만화 그리는 사람, 글 쓰는 사람, 다 있더라고요. 각자 자기가 관심 있는 것에 대해 발표하는 자리였어요. 정 박사가 카이스트 바이오공학 교수니까. 원래 이 사람 전공은 뇌과학인데. 그런 이야기 듣고 있으면 재밌어요. 신기하고. 〈터미네이터〉에 나오는 상상력이 점점 실현 가능한 세계가 된다, 그런 거 들으면. 우리 애가 〈인터스텔라〉(2014) 보고 시간과 중력이 만나면 어떤 현상이 일어나느냐고 했는데 대답할 수 없어서 정 박사한테 전화했죠. (웃음) 세미나 30분 전에 오시면 이야기해줄 수 있다고 해서 갔는데, 나는 하나도 못 알아듣겠는데 애들은 알아듣더라고. 스타킹을 펼쳐놓고 이게 공간이라고 봤을 때 공간이 이렇게 되고, 차원이 어떻게 되고 뭐, 어쩌고저쩌고하는데. 난 못 알아듣겠더라고요.

김영진 정재승 박사는 어떻게 안 거야?

류승완 강풀 만화가 덕분에.

김영진 강풀 작가는 어떻게 알았어?

류승완 한 동네 살았어요. 강풀이 저한테 연락해서 자기 모교 강의를 나가는데, 한 타임 특강을 해달라고. 마침 동네에 사니까, 동네에서 자주 봤죠. 그리고 제가 강풀 만화 팬이었고. 제 집사람이 예전에 영화사 직원일 때 판권으로 몇 번 연락하다가 그때마다 다른 데 팔려서 상처받고. (웃음) 강풀 덕분에 정재승 박사와 친해졌고. 주진우 기자와 정재승 박사는 서로 알고 있었고.

김영진 강풀 작가도 주진우 기자 알고 있었어?

류승완 네. 그래서 만나게 됐죠.

김영진 강풀 작가와는 그냥 놀이 친구야?

류승완 그렇죠. 근데 강풀도 만화를 그리는 방식이 시나리오를 다 쓰고 그리잖아요. 시나리오 나오면 모니터하고. 어제도 만화 액션 컷 잘 안 그려진다고 그래서 액션스쿨에 도와 달라 해주고.

김영진 강풀 작가는 시나리오 자기가 다 짜?

류승완 네. 재주가 있어요. 그리고 자기가 창조하는 세계를 되게 아끼고 좋아해요. 스스로 만들어내는 이야기들을 애정을 가지고. 기본적으로 사람이 좋아. 순수하고.

김영진 강풀 작가 원작은 뭐 안 하냐?

류승완 강풀이 저한테 『타이밍』을 연출해 주면 좋겠다고 했는데, 그 판권을 제가 가지고 있는 게 아니니까. 저는 강풀 원작 중에 『26년』을 되게 하고 싶었어요. 강풀하고는 그런 이야기 많이 하죠. 연재하고 있는 만화에 대한 이야기도 하고.

김영진 만화 시나리오도 영화 시나리오처럼 쓰나?

류승완 강풀은 지문을 굉장히 섬세하게 써요. 영화 시나리오는 배우가 하는 영역을 남겨둬야 하는데 만화는 그림으로 채워야 하니까. 그래서 시나리오가 되게 두꺼워요.

김영진 문하생들이 그리니까?

류승완 자기가 지문으로 머릿속에 다 구현해야 하니까. 몇 발자국을 걷고 어느 방향으로 하고, 구체적으로 적죠. 얘도 시나리오 쓸 때 머리 싸매고 있는 거 보면 감독들이랑 똑같아요. 되게 힘들어하고. 이야기 잘 만들어내요.

김영진 〈베테랑〉 소재는 어떻게 떠오른 거냐?

류승완 제가 워낙 형사 영화를 좋아해서. 어려서 성룡 영화들 많이 봤죠. 성룡이 다 형사로 나오잖아요. 〈다이하드〉는 10대 시절에 너무너무 좋아했던 영화고. 20대에도 〈더티 해리〉나 〈블리트〉(1968) 같은 고전 형사영화를 좋아했으니 제가 본격 형사영화를 안 찍은 것도 이상했어요. 액션영화 주인공으로 형사만큼 좋은 직업이 없잖아요. 그래서 강우석 감독님의 〈공공의 적〉(2002), 이명세 감독님의 〈인정사정 볼 것 없다〉(1999) 보면서 속상했어요. 저 영화들을 내가 해야 했는데. 〈짝패〉는 주인공이 형사지만 형사물이라고 볼 수 없잖아요. 〈부당거래〉 할 때 취재했던 형사들이 들려준 소재들이 많이 남아 있었어요. 원래 뭘 하고 싶었냐면, 진짜 생각 없이 볼 수 있는 액션을 하고 싶었어요. 〈베테랑〉 초반에 나오는 중고차 매매 사건을 축으로 러시아에 차를 밀매하는 악당을 잡는 액션영화를 찍어보려고. 카 체이스 액션으로 90분을 채우는 영화를 찍는 거죠. 근데 아무리 생각해도 〈분노의 질주〉(2001) 처럼 못 찍겠는 거예요. 제작비 문제도 있고 좋은 차도 못 쓸 거고. 맨날 한국영화에 나오는 차들, 소나타 나오고. 뭐 좀 해보려고 하면 현장에서 '차가 안 갑니다' 소리 들리고. 그런 생각 하면 끔찍한 거예요. 중고차 사기 매매단을 구상하다가 중고차 절도단의 동선이 너무 명확히 그려지니까 확장된 거죠. 〈베테랑〉은 시놉시스도 안 쓴 채 무작정 장면들을 써 내려 갔어요. 근데 중고차 절도단 관련된 장면들이 쑥쑥 나오는 거야. 장면들이 앞으로 쭉쭉 나가니까 등장인물들이 반응하고, 계주 하듯이 제가 취재한 소스로 갖고 있던 재벌가 관련 사건들이 자연스레 끼어든 거죠. 결말까지 쓰는데 그리 오래 안 걸렸어요. 초고는 지금보다 훨씬 직선적이고 단순했죠. 초고를 황정민 선배에게 보여줬더니 제대로 읽지도 않고 자기가 하겠대. 〈베를린〉 만들고 있을 때 황 선배가 촬영하고 있던 〈신세계〉(2012) 현장에 한 번 간 적이 있거든요. 황 선배가 날 보고 놀란 거예요. 내 몸무게가 54kg 나갈 때니까. "자기 왜 그래?" 날 보자마자. (웃음) "무슨 영화를 누리겠다고 그래. 놀면서 찍으라고. 왜 그러냐?" 걱정해줬어요. 황 선배가 그때 상태 안 좋았던 내 모습을 기억했나 봐요. 〈베테랑〉 무조건 그냥 하겠다고. 찍으면서 놀자고. 아이, 그럼 땡큐지. 이렇게 된 거죠. 그런 후에 본격적으로 주진우 기자에게 시나리오 보여주고, 안면 있는 형사들한테도 자문을 받았죠. 재벌가에 근접한 사람들 취재를 하러 다니니까 처음에는 〈공공의 적〉과 비슷할 것 같다는 이야기들이 있었어요. 그걸 극복하려면 세부묘사에 치중하는 길밖에 없을 것 같아서 열심히 재벌가 실태에 대한 사실적인 묘사들을 붙였어요. 〈부당거래〉 끝내고 그런 면에 자신감이 생긴 것 같아요. 상층부에서 벌어지는 권력관계의 암투, 사람을 부리고 치고 빼는 방식에 관한 것들. 시나리오 작업이 수월하게 됐죠. 주변에서 계속 모니터 받았고. 애초에는 놀면서 쉽게 찍자고 했는데 말이 그렇지, 놀게 되지 않잖아요. 욕심이 생겨요. 사람들 반응이 예상보다 훨씬 재미있어해서. 아, 그러면 놀면서도 괜찮은 영화를 만들 수도 있겠다고 생각했죠. (웃음)

〈베테랑〉을 끝내고 나니까 내 안의 어떤 것들이 좀 거둬진 것 같아요. 악한 척하고 쿨해 보이려 했던 거. 영화 역사에 남는 작품들 보면 어둡잖아요. 인간의 그늘을 다루고. 나도 그런 영화를 해보고 싶다는 욕심이 있었던 거죠. 나도 영화사에 족적을 남기고 싶었고. 근데, 보니까 〈죽거나 혹은 나쁘거나〉도 굉장히 어두운 이야긴데 거기 나오는 욕과 〈짝패〉의 욕이 달라. 〈죽거나 혹은 나쁘거나〉에선 형을 찾으면서 '형! 시발'하는 거고, 〈짝패〉 끝 장면에서 주인공이 하는 욕의 '시발'은 그냥 진짜 '시발'이야. 〈주먹이 운다〉도 되게 보수적인 가치관을 갖고 있잖아요. 제 본래 정서가 그런 것 같아요. 다른 새로운 걸 찾으려고 자꾸 몸에다 향수 뿌려서 제 원래 체취를 다른 거로 위장하려고 했던 건 아닌가, 라는 생각이 들어요. 데뷔한 후에 주변 사람들이 워낙 요란하게 '너는 앞으로 대단할 거야' 추켜세워 주니까 그런가보다, 교만했던 거죠. 또 잘 만드는 선배들이 주변에 많아서 나도 저 사람들과 레벨을 맞춰야지, 매달리다가 저의 본래 모습을 약간 잃었던 것 같아요. 예를 들면 이런 거죠. 성룡이 주인공으로 처음 데뷔한 게 〈신정무문〉(1978)이었어요. 쌍꺼풀 수술하기 전 영화에요. 이소룡 다음 타자가 성룡인데 안 어울리잖아요. 성룡이 진지한 무술영화를 찍었는데 다 안 됐어요. 그러다 이 사람이 돌파구를 찾은 게 코믹 무술영화 〈사형도수〉에요. 그런 것 같아요. 사람이 타고난 방향이 있는 거죠. 저는 웃으면서 사는 게 좋거든요. 사람들이 잘 됐으면 좋겠고. 〈베테랑〉을 만들 때도 그런 마음이 컸어요. 그건 선배님 지적이 큰 영향이 있었죠. 주인공들의 행복을 그리는 것. 거창하게 윤리까지 거론하지 않아도. 제가 〈E. T〉(1982) 보고 좋았던 게 따뜻함 때문 아닐까? 제가 줄곧 좋아하는 영화들 보면 휴머니즘이랄까, 그런 게 배어 있어요. 〈베테랑〉 찍으면서 주인공이 승리하는 이야기, 통쾌한 이야기를 의도했죠. 현실에서도 맨날 지는 이야기 나오는데 이걸 뭔가 부분적으로 해소해주는 영화. 나홍진 감독이 〈베테랑〉 시나리오 보고 이메일로 그런 말을 해줬어요. '이 영화가 정말 서민이 승리하는 영화였으면 좋겠다'고. 우리가 〈다이하드〉를 볼 때 서민을 응원하는 느낌으로 그것을 우리의 이야기라고 여기지 않나, 우리 서민이 승리하는 쾌감을 맛보고 싶다고. 저는 나 감독의 메일에서 '서민'이라는 단어가 굉장히 확 와 닿았어요. 그게 영화의 작은 역할이지 않나. 〈베테랑〉도 그걸 찾은 것 같아요. 이게 교조적이 되면 좀 위험한데. 그냥 내가 하고 싶은 거, 표현하고 싶은 거 하자. 촌스럽건 어쨌건 그게 나니까. 그런 입장을 정하니까 모든 게 편했던 것 같아요.

제가 〈아라한 장풍대작전〉을 다시 만들면 상대편 악당, 적을 그렇게 안 그렸을 것 같아요. 잘 알지도 못하면서 뭘 가르치려고 했거든요. 사실 인류의 평화를 위해 싸울 필요가 없어요. 동네 악당들과 싸워도 충분히 승리할 수 있거든요. 그럼 되는 거죠. 액션영화를 찍으면서 내가 누구와 싸워야 하는가, 이런 것들에 대해 생각할 기회를 이번에 잘 만들어낸 것 같아요.

〈베테랑〉 하면서 내가 왜 이 영화를 이렇게 편하게 찍었지? 새삼 놀라서 자연스럽게 전작들을 복기를 해봤거든요. 〈부당거래〉에서 주인공 최철기 형사가 죽는 장면을 싫어하는 사람들이 많아요. 거기서 갑자기 신파로 빠지니까. 사실은 그게 저예요. 죄의식을 느끼고 오해가 생겨서 처단당하는 최철기의 모습에 제가 있었던 거죠.

김영진 〈베테랑〉이 제대로 왔어. 〈부당거래〉의 최철기에서 〈베테랑〉의 서도철로, 같은 황정민인데 서민의 영웅으로 거듭났어.

류승완 제가 이번에 오랜만에 버스터 키튼 영화를 보니까, 저는 확실히 채플린보다 키튼 영화를 좋아하는 쪽인 것 같거든요. 왜 그런가 했더니 채플린은 아무리 떠돌이 찰리로 나와도 뭔가 지식인이 연기하는 것 같아. 찰리 채플린을 알아서 그런지 몰라도. 〈황금광 시대〉(1925)에서 채플린이 구두 삶아서 먹는 걸 보면 모든 걸 다 갖춰서 먹어요. 채플린은 가난 속에서도 품위를 유지하려고 하는, 거기서 생기는 우스꽝스러움이 있잖아요. 근데 키튼은 그냥 노동자 같아. 영화 속에서 그는 늘 기계나 자연과 싸우잖아요. 대단한 스턴트 묘기를 보여주는데 그게 육체노동을 보는 것 같아요. 키튼 영화 속 주인공들은 고단한 위기를 겪고 어떻게든 정착하려고 하잖아요. 결혼을 통해 정착하려 한다거나. 키튼 영화 마지막은 항상 해피엔딩이죠.

저는 키튼의 그런 관점에 공감하고 쾌감을 얻는 사람인 것 같아요. 어쩌면 〈베테랑〉이 그런 측면에서 내게 가장 솔직한 영화가 아닌가? 그런 생각이 들어요. 물론 처음부터 끝까지 완벽하게 마음에 드는 건 아니지만. 전체적으로 보자면. 제가 어렸을 때 좋아했던 영화를 보는 것 같아요. 그리고 이 영화가 좋은 점이, 제 아이들이 좋아해요.

김영진 당신 영화에는 다 당신이 있지. 특히 류승범이 당신 영화 페르소나라는 의견에 대해선 어떻게 생각해?

류승완 모든 감독의 영화엔 다 감독 자신이 들어 있는 거죠. 그렇지 않나요? 그리고 배우에 대해선…… 감독들은 배우를 통해서 이야기하니까. 근데 류승범이 동생이다 보니까, 그것도 약간 짜증 나는 게 있는데, 사람들의 선입견이 너무 세요. 있는 그대로를 안 봐. 〈부당거래〉에선 승범이가 평소의 저를 흉내 낸 게 많아요. 특정 장면들에서. 예를 들어 수사관이 뭐라고 하는데 장난치며 받아치는 거. 제가 현장에서 모니터 볼 때 스태프들이나 누가 아이디어 내면 '나까짓 게 무슨 감독이냐'고, 아이디어 낸 사람한테 감독 의자에 앉으라고 하고 그러거든요. 제가 그런 장난 잘 쳐요. 승범이가 그거 보고 막 흉내 내지. 아무래도 취향이 들어가요. 제가 좋아하는 말이나 취향이나.

김영진 어떤 식으로 단정 짓거나 정의하거나 분류하는데 거부감이 큰 것 같아?

류승완 사람을 어떤 성향으로 분류하잖아요. 그게 되게 위험한 것 같아요. 사람은 누구나 경제적인 관점에서는 보수적인데 성적인 취향은 급진적일 수 있고, 종교적인 지점에서는 되게 급진적인데 어떤 면에서는 또 보수적이고. 사람이 그럴 수 있잖아요. 아까 말씀드렸던 것처럼 저는 죄를 짓는 사람은 벌을 받아야 한다고 생각해요. 저는 무정부주의자가 아니고 명확한 법질서가 작용해야 한다고 보는 사람이에요. 그렇다면 이 법이 어떤 법들이냐의 문제가 있죠. 법이 세워질 때 잘 세워져야 하잖아요. 근데 제가 볼 때는 지금 우리나라 같은 경우 입법부, 사법부, 행정부 자체가 정상적으로 작동이 안 되고 있기 때문에. 근데 여기에 문제를 제기한다고 해서 진보라고 이야기할 수 없는 거거든요. 그리고 이걸 명확하게 잡아줘야 하는 게 보수적인 사람들인데, 잘 안 잡아 주니까. 기능이 안 되니까 사람들이 헷갈리는 거거든요. 제가 볼 때 야당 사람들, 여당 사람들보다 훨씬 더 보수적인 사람들 많다고 보거든요. 우리 사회의 시스템이 분류 방식도 그렇고, 개념 확립이 제대로 안 되어있는 상태에서 편 가르기를 하다 보니까. 옛날 6.25 전쟁 때 하던 방법인 것 같아. 인민군 들어오면 인공기 들고 서 있고, 남한군 들어오면 태극기 들고 서 있고. 이게 뭐가 뭔지도 모르고 하는 거고. 아직도 되게 혼란스러운 상황인 것 같아요. 저 자신을 본다면 가치중립을 지키고 싶은 입장이고. 저 스스로 옳다고 판단하는 것에 편을 들고 싶은 입장이고. 저 스스로 무엇이 옳은지는 끊임없이 고민해야 되는 거고. 클린트 이스트우드 같은 감독들이 보여주는 보수적인 가치관들은 멋있잖아요. 《에스콰이어》인가? 인터뷰 보면 멋있잖아요. 옛날의 미국은 이렇지 않았다, 요즘 미국 놈들은 나약해 빠져서 뭐, 그런 건 멋있는 것 같아요.

지켜보는 사람의 입장에서는 그게 재밌으니까. 근데 전 그게 의미가 없는 것 같고, 소모적인 것 같아요. 편 가르기를 하는 것도 아니고. 제가 만약에 정상적인 가정환경에서 자랐다면 지금보다 훨씬 더 보수적인 사람이었을 것 같아요. 근데 제가 10대에 소년가장이 되면서 되게 극심한 가난을 경험한 게 인생에 매우 큰 영향을 끼친 것 같아요. 제 인생에서 가난을 경험하지 않았다면 어떻게 됐을지 모르겠어요. 원치 않은 상황에 길에서 생활하고 그런 게. 제 의식이 만들어낸 게 아니라 몸이 느끼니까. 좆같네. 저 새끼는 차 타고 다니고 난 지갑에 2000원밖에 없고. 왜 이렇게 짜증이 나고 화가 나는 거지? 그러다 보니까. 예전의 그런 가난에서 벗어나고 보니까 가난에서 오는 화는 없어졌는데. 근데 내가 겪었던 가난을 누군가가 겪고 있는 걸 보면서 이건 완전히 잘못된 거다, 이런 게 있는 거죠. 지금 뭐 자원 외교 몇조, 돈이 어디로 흘러가고, 저는 그런 부의 분배 문제에서는 지금 소위 보수적이라고 하는 사람들과는 조금 다른 입장이죠.

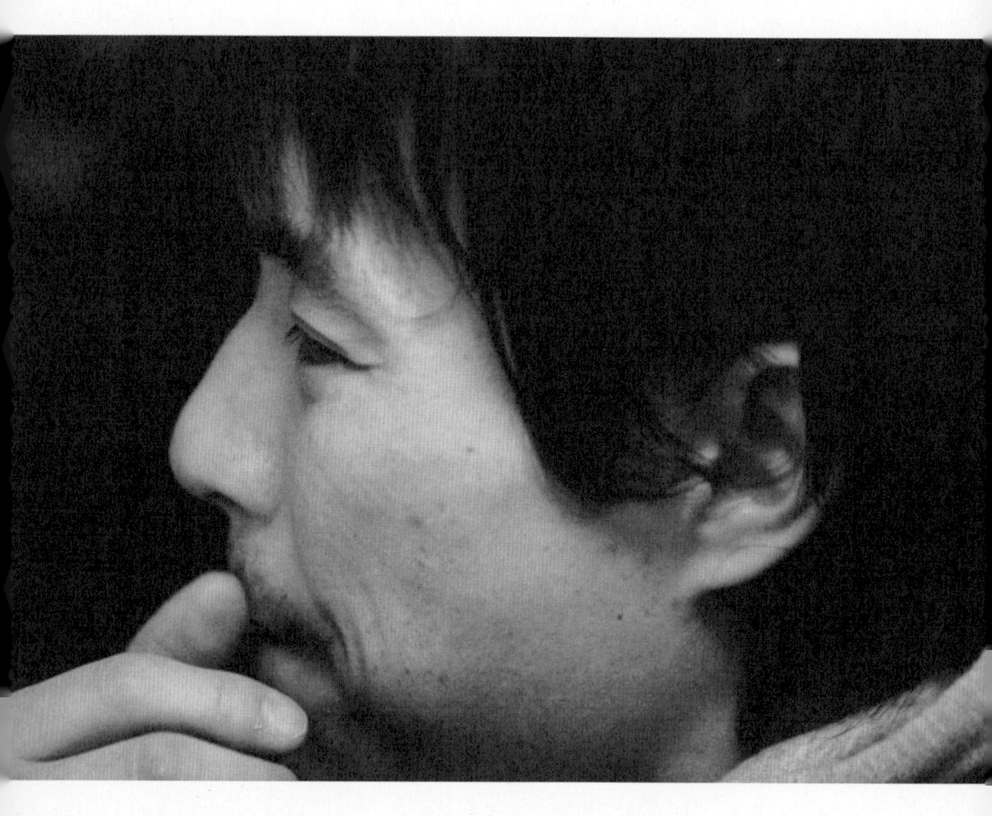

영화를 만드는
동력은 뭐야?

먹고 살려고 하는
일만은 아니잖아.

김영진 이제 우울증은 극복했냐?

류승완 우울증은, 〈베테랑〉 하면서 극복이 됐어요.

김영진 나는 그런 거 되게 경멸하는 사람이거든. 남자가 무슨 우울을 타고 그래, 그랬는데. 나한테도 오더라.

류승완 선배, 근데 이게 진짜 와요. 여성호르몬 분비가 되면서. (웃음)

김영진 편한 점도 있어. 수컷으로는 끝났다는 체념과 편안함. (웃음) 근데 우울하다는 이야기는 아내에게도 못해. 낮에는 우울해. 원래 내가 흥이 있는 사람이 아니야. 그런데도 흥을 내야 하지. 혼자 있을 땐 모든 게 꼴 보기 싫고 일 진도도 잘 안 나가고.

류승완 왔다. 큰일 났다. 병원 가셔야 돼요. (웃음)

김영진 그래서 내가 108배를 하고 있는 거 아니냐. (웃음) 이런 생각이 든다. 박찬욱 감독은 연출 일을 즐기는 게 느껴져. 현장에서도 편안해 하고. 당신은 괴로웠다고 했잖아. 〈부당거래〉 전까지. 그런데 우리가 보는 류승완 감독은 영화제작을 정말 사랑하고 현장을 좋아하는 사람으로 느낀단 말이야. 그런데 당신 스스로는 괴로웠고 강박감이 많았다고 하고. 영화를 만드는 동력은 뭐야? 먹고 살려고 하는 일만은 아니잖아. 현장에서 성격이 불같다는 이야기는 많이 들었지만 현장이 괴로웠다는 이야기는 처음이야. 〈베를린〉 현장이 고통스러웠다는 말은 들었지만.

류승완 칼로 잘라내듯이 이야기할 순 없는데 시기마다 조금 다르게 진행된 것 같아요. 생존에 대한 부담이 컸죠. 직업인으로서 현장이 괴로웠던 적도 있어요. 가장 큰 부담은 흥행 기록이겠죠. 또 나는 왜 걸작을 못 만드는가에 대한 괴로움. 30대를 보내는 동안 뚜렷한 흔적을 남기지 못하는 고통. 저는 희한한 게, 기술 시사회 때 제 영화에 실망했던 적이 단 한 번도 없어요. 너무 좋았어요. 시간이 흘러 바깥에서 공격을 너무 받으니까 제 단점이 보이기 시작하는 거예요. 제 영화의 단점을 보는 안목이 없었던 것도 있을 수 있고.

김영진 단점 없는 영화가 있어? 매력이 중요하지.

류승완 그렇죠. 매력이 중요한데, 제 괴로움이 어디서 왔냐는 질문에 대한 단순하고 쉬운 답은, 제가 몰라서 그런 것 같아요. 뭐가 OK 컷인지 모르고 현장에 있는 괴로움. 이건 처음 하는 이야기예요. 현장에서 소리 지르고 그러는 게, 나도 몰라. 근데 나도 모른다고 이야기할 수 없으니까, 최소한 OK는 아닌데. OK 컷인지 NG 컷인지 모를 때가 많았어요. 지금도 없지 않고. 모르기 때문에 생기는 괴로움이 고통으로 남는 거죠. 하고 싶은 게 뚜렷한데 그게 안 돼서 오는 고통은 고통이 아니라 그냥 힘든 거예요. 힘들고 짜증이 날 뿐이지. 어떨 때는 내가 걸작을 찍는 느낌이 들 때가 있는데 어떨 때는 중간에 되돌릴 수도 없고 어떡하지, 라는 느낌이 들 때가 있어요. 그땐 공포가 오죠. 처음에 머릿속에서 영화를 막 굴릴 때 '이건 죽여, 진짜 끝난 거야' '나 미국 갈 준비해야 하나' 이러죠. 근데 사람들한테 이야기하면 시큰둥해요. 마음속으로 '병신 새끼' 이러죠. 시나리오 써서 보여줘. 역시 반응이 별로야. 그럼 다시 '현장에서 보자, 죽여줄 거야' 이러죠. 그리고 현장에서 만족 못 하면 다시 '편집할 때 하면 돼' 이러죠. 끝이 없죠. '음악으로 하면 돼', '후반 작업 잘하면 돼' 이러다 결국 '에이, 다음 영화에서 보여주자'. (웃음) 그러고 다음 영화 막 생각하고. 저는 그 사이클의 반복이었어요. 약간 사기도 치고 뭐 이러면서.
매우 큰 변화가 〈부당거래〉 때부터 있었어요. 시나리오를 작업해서 작품을 완성해 개봉하기까지 걸리는 시간이 길어졌어요. 〈다찌마와 리〉 끝내고 〈부당거래〉 할 때까지 공백이 있었어요. 〈베를린〉에서 〈베테랑〉으로 넘어가는 시간도 길었어요. 점점 작품과 작품 사이의 공백이 길어지잖아요. 작품 콘셉트를 잡고 준비하고 시나리오를 숙성시키는 시간이 길어지는 거예요. 예전에는 영화를 빨리 만드는 게 저의 굉장한 기술이라고 생각했거든요. 젊을 적엔 영화를 많이 만들고 싶었는데, 지금은 좋은 영화를 잘 만들고 싶어요. 그게 큰 변화구나. 준비하는 과정에서 지금은 징검다리를 하나하나 다 두드리고 가게 되는 거죠. 조금 더 조심하고.

김영진 스태프들과 의견이 엇갈릴 때는 어떻게 해? 감독은 취합을 잘 해야 하잖아.

류승완 의견이 엇갈리면 막 화내고 그다음에 후회하는 스타일이었죠. 지금은 그 실수를 안 하려고 하죠. 제가 제 영화평이나 기사에 달린 댓글 보고 하는 것들도, 훈련이에요. 스트레스 계속 받죠. 이전에는 저한테 시간을 안 줬어요. 근데 시간을 줘요. 되새겨 볼 수 있는 시간을. 영화와 관계없는 사람들도 만나고. 가급적이면 혼자 있는 시간을 자꾸 만들려고 해요.

김영진 그거 중요해. 멍 때리는 시간.

류승완 저한테 스트레스를 주지 않으려고 해요. 스트레스를 주게 되면 자꾸 감추고, 방어를 하려 하고, 엉뚱한 결정을 하고, 후회를 만드니까. 그걸 알았어요. 제 나름의 방식을 찾은 것 같아요. 그게 아주 큰 변화죠.

김영진 이제 본인을 덜 학대하네?

류승완 네, 그렇죠. 제가 소중하고 제가 행복해야 한다는 걸 알았어요. 예전에는 좋은 음식과 좋은 차, 좋은 옷을 입고 다니는 게 불편했거든요.

김영진 당신이 언제 뭐 좋은 옷을 입고 다녔어?

류승완 지금 입고 있는 옷도 미제예요, 미제. (웃음) 예전에는 옷 안 샀어요. 아내가 사주는 거 입고, 아니면 승범이가 입던 거 한 보따리 싸서 주면 그거 입고. (웃음) 근데 승범이한테 어울리는 게 나한텐 안 어울려. 요즘엔 주변에 술도 많이 사주고. 지금은 저 스스로 궁기를 빼려고 해요.

김영진 예전에는 계속 얻어먹었냐?

류승완 에이, 얻어먹지도 않았지. 요즘 스스로 느끼는 변화는, 같은 게 약간 다르게 보이기 시작한 게 많아요. 아주 어려서부터 인간이 사회에 노출되면서 쌓이는 게 있잖아요. 관계망들이 얽히고 얽히는 과정에서 생기는 것들. 예전에 TV에서 〈제3공화국〉 같은 드라마 하면 되게 재미없어했거든요. 요샌 달라요. 이래서 아저씨들이 이걸 그렇게 재밌게 봤구나, 조선 왕조 500년의 암투를 다룬 사극들도 그래서 사람들이 재밌게 봤구나. 그런 걸 알게 됐어요. 드라마 〈하얀 거탑〉의 영향도 컸어요. 저는 어떤 목적을 가지고 세 사람 이상이 모이게 되면 정치적인 흐름이 생긴다고 보거든요. 누군가를 내 편으로 만들어서 힘의 우위를 장악하고 이런 것들. 제가 예전에는 그런 것들에 대해 자각하는 게 없다가, 요즘 그런 쪽으로 관심이 가기 시작했어요.

저는 요즘 대통령 뽑는 투표 행사 방식을 보면, 많은 사람이

왕을 원하는 것 같아요. 자기 스스로 왕 밑에 있는 사람이라는 걸 인정하고. 저는 그런 거 느낄 때 무섭거든요. 지금보다 개인의 행복과 자존감이 훨씬 더 올라가야 하는데. 사회적으로 상대방을 비하하고 조롱하는 현상이 만연하는 게 개인의 자존감 문제인 것 같아요. 어디서나 자기를 떳떳하게 드러내고 소통해야 하는데 그럴 구석이 없으니까 몰래 숨어서 배설하고. 이런 자기를 누군가 컨트롤 해줘야 한다는 욕망이 이상한 방식으로 흘러가는 것 같아요.

김영진 다른 이야기로 가자. 굳이 사는 게 어때야 한다는 강박감이 없지?

류승완 제 삶을 보면 별로 재밌는 게 없어요. 아, 근데 제일 재밌는 건 현장에 있을 때, 생각했던 것보다 좋은 장면이 나올 때. 에너지가 나오는 것 같아요. 모든 스태프가 쫙 붙어서, 엑스트라 수백명이 기다리고 출연자들 준비하고 있고 그러면 그때 '아, 나 이거 하고 있어. 살아있어' 그런 게 좀 생겨요.

김영진 허무주의자는 아니고? 인생 뭐 있냐, 그런 태도?

류승완 그건 아니죠. 그런 척했던 때는 있었지만. 그러면 제가 이렇게 살 필요가 없겠죠. 저는 제가 성실하다고는 생각 안 해요. 노력할 뿐이지. 그건 있죠. 예전에는 내일을 위해서 오늘을 희생하자는 편이었다면 지금은 '현재를 잘 살자'로 바뀐 것 같아요.

김영진 요즘 무슨 책 읽어?

류승완 『영웅문』을 안 읽어서. 2부 읽고 있어요.

김영진 그 긴 시리즈에서 겨우? 진도 팍팍 나가야겠다. (웃음)

류승완 저는 무협소설에서 싸움 묘사하는 장면에 막혀. 진도가 안 나가.

김영진 머릿속으로 그려지니까?

류승완 그게 아니라, 재미가 없어요. 오히려 인물들의 관계가 재미있지. 이상하게 싸우는 장면은 재미가 없어요. 저 무협지 진짜 많이 읽었을 것 같잖아요? 무협에 관한 제 상식은 다 영화에서 온 거예요.

예전에는 책 많이 읽어야겠다는 생각을 강박적으로 많이 했는데 지금은 읽으면 기억에 안 남아요. 저는 기록하는 습관을 가지고 있는데 기록을 해놔도 이게 뭐였지? 이런 생각 들고. 이제 더 이상 영향을 받지 않고 온전하게 내가 생각한 것들, 내가 경험한 것들만 가지고 온전히 가야겠다.

김영진 말은 늘 청산유수야. (웃음)

류승완 이런 자리라 특별히 말하는 건데, 저는 영화 개봉할 때 하는 인터뷰는 허풍 같아요. 스스로를 위장하는 것도 없지 않아 있어요. 저는 제일 찾고 싶은 게 온전한 순수함인데. 이건 굉장히 오래된, 저뿐만 아니라 많은 사람이 고민하는 거겠지만. 제가 했던 말들이 공식 기록이 될 때, 인터뷰할 때 그런 생각이 들어요. 이게 무슨 의미가 있을까. 이렇게 해서 전달이 제대로 되지 않으면 힘들잖아요. 말이라는 게 대화 속에 담긴 공기도 있는 거고, 말과 말 사이에 담긴 감동이 주는 것도 있고. 그런 것들은 '잠시 침묵', '일동 웃음'으로 설명될 수 없는 것들이니. 아까도 인터뷰 스킬에서 이야기한 것도 있는데, 영화 홍보할 때 하는 인터뷰들은 저 스스로도 '이건 그냥 마케팅이잖아'라고 생각하죠. 인터뷰로 대화가 온전히 가능했던 시기가 더 이상 힘들죠. 저도 인터뷰할 때 온전히 대중이 듣고 싶어 하는 걸 예상해서 말하고. 글 쓰는 사람들도 다른 사람들의 시선을 너무 의식하니까. 모두 다 포털 사이트의 메인에 들어가야 할 자극적인 것들을 뽑아내려고 하니까. 영화를 소비하고 전달하는 매체들이나 그런 게 많이 바뀌었거든요. 이렇게 해야 되나, 라는 생각이 들 정도로.

김영진 너무 비관하진 말고.

류승완 요새는 오히려 정말 영화 좋아하는 블로거들, 그런 사람들이랑 이야기하는 게 훨씬 좋아요. 제가 앞서 이야기한 거북목과 허리디스크라는 블로그를 운영하는 홍지로 번역가 같은 친구들이나 아쉬타카 같은 블로거들은 영화 정말 잘 보고 열심히 하죠. 홍 번역가는 〈베를린〉을 심각하게 혹평했어요. 근데 그런 친구들의 혹평은 자극이 돼요. 다음 영화에서는 이 사람에게만 증명을 해 보이겠다고, 이런 게 생겨요. 그에 반해 언론은 너무 거기서 거기인 동업자주의? 이것도 경계해야 할 태도인 것 같아요. 좋은 동지라면 잘못하고 있을 때 잘못하고 있다고 말을 해줘야 하는데, 요새 글을 보면 비평이 아니라 감정을 드러내는 글들이 많아요. 근데 그건 서로에게 도움이 안 되거든요. 되게 안 좋은 쪽으로 흘러가고 있는 것 같아요.

김영진 글은 쓰면 쓸수록 느는 것 같아?

류승완 저는 글재주가 없는 것 같아요.

김영진 글 쓴 경력이 몇 년인데.

류승완 저는 그래서 요새 시나리오 쓸 때 서술을 잘 안 해요. 서술형 문장 안 쓰고.

김영진 좋은 건데?

류승완 될 수 있으면 짧게 쓰고. 예전에는 주어를 앞에 놓고 그랬는데, 주로 뒤로 옮겨요. 짧게 짧게. 왜냐면 예전에 길게 썼던 게 결국 제가 시나리오에 멋을 부리려고 했던 거죠. 내가 세상에 내놓는 건 시나리오가 아니라 영환데. 박찬욱 감독님이나 봉준호 형 시나리오 보면 되게 질투 나지만, 제가 따라 할 수 없다는 걸 알게 됐어요. 저는 시나리오 잘 쓰는 사람이 아니라는 걸 깨달았죠. 제가 가지고 있었던 욕심을 털어내려고 해요.

저도 데뷔하고 나서 15~16년이 지났는데…… 1980년대에서

1990년대로 바뀌고, 1990년대에서 2000년대로 바뀌는 게 다른 것 같아요. 근데 2000년과 2010년은 동일 선상에 있는 것 같아요. 그래서 생각을 해보면, 1980년대로 치자면 배창호 감독님이 이러고서 1990년대를 맞이한 느낌이잖아. 근데 우리 세대는 좀 다르고. 그런 건 아니잖아.

김영진 박찬욱 감독 시나리오는 어디가 좋아?

류승완 저는 박찬욱 감독님의 문장력과 시나리오에서 보이는 유머가 정말 재밌어요.

김영진 코드가 맞아서 그래.

류승완 코드가 맞지는 않은 것 같아요. 근데 박 감독님 시나리오에서 지문 묘사하는 방식이 점점 간결해져요. 최소한의 지문을 가지고 하는 게, 부럽죠. 저는 시나리오를 설계도라고 생각하거든요. 영화는 시간을 다루는 예술인 것 같아요. 우리가 이야기하는 리듬과 호흡이 결국 시간에서 나오는 건데. 그동안 저한테 의뢰가 오거나 회사로 들어온 시나리오는 두 시간 안에 안 끝나는 시나리오가 대부분이에요. 내용이 많고, 잔가지도 많고. 정상적인 제작사가 있다면 기본적인 시나리오 포맷이 있다고 봐야 해요. 근데 그 포맷을 가지고 있는 회사가 제가 볼 땐 몇 개 안 돼요. 지금 영화 교육이 잘못되어있는 것 같고. 저는 영화 찍고 나서 편집단계에서 쳐내는 부분이 10분이 채

안 돼요. 저는 시행착오를 겪으며 지금 포맷을 만들었는데, 〈짝패〉부터는 오차가 별로 없어요. DVD 버전에도 삭제 장면이 풍부하게 들어가지 않아요.

필름에서 디지털로 옮겨가면서 카메라를 마구 돌리는 문제가 있는 것 같아요. 뭐를 찍는지도 모르고 일단 카메라를 돌리는 건 자기 할 일을 제대로 안 하는 거죠. 그건 저하고 안 맞아요. 한국영화가 다들 비슷해진다는 게 그런 데에서 오는 것 같아요.

김영진 이제 어떤 영화를 찍을 건가?

류승완 이제 안달복달 안 하려고 해요. 제가 진짜 찍고 싶은 영화가 있지만 되면 좋고 안 되면 말고죠. 영화 역사를 보면 어떤 명감독이라도 필생의 프로젝트를 결국 완성 못 하는 경우가 많잖아요. 그렇게 될까 싶기도 한데, 지금 당장 만지고 있는 시나리오는 군함도가 소재인 영화고요. 장차 언젠가는 사기꾼 이야기도 하고 싶어요. 평생을 속여서 자기 자신까지 속여 버린 사람의 이야기. 저한테 영감을 준 사람은 주수도인데, 취재도 했었거든요. 주수도가 실제로 자신의 네트워크가 삼성이나 현대가 될 거라 믿었대요. 자신까지 속인 거야. 주수도를 취재한 MBC 〈PD수첩〉을 보니까 주수도는 낭만이 있었다는 거예요. 자기 야망이 있었던 거야. 그래서 신사동 한복판에 빌딩도 세웠던 거고. 근데 저는 주수도나 조희팔 같은 괴물 사기꾼들이 혼자 큰 게 아니라고 봐요. 사람들의 욕망이 키워냈잖아요. 대한민국이 그 괴물을 어떻게 키워냈는가에 관심 있어요. 주수도란 인물이 되게 재밌어요. 지금 주수도 감옥에 있어요. 그때 주수도를 감옥에 집어넣었던 검사들이 주수도 변호사가 됐어요. 그래서 매년 거래를 해요. 1년씩 감형되고 있죠.

김영진 진짜 부당 거래네.

류승완 밖에서 주수도를 기다리는 사람들이 여전히 있고. 그런 이야기를 하고 싶은데 아직 제가 공력이 안 되는 것 같고. 또 하나는 복싱영화를 해볼까. 링에서 죽은 1990년대의 복서. 누구더라? 아 맞다, 복서 최요삼.

그때 광진구 체육관에서 경기했는데 최요삼이 이겼어요. 근데 못 일어났어. 복싱협회 지정병원이 서울성모병원이었는데 거기 길이 막히니까 구급차에서 상태가 악화된 거죠. 선수들이 그래요, 요삼이는 길에서 죽었다고. 다른 병원으로 가면 되는데 지정병원으로 가느라 죽음을 재촉한 거죠. 최요삼에 관한 이야기를 들어보면 재밌어요. 캐릭터가 참 재밌지. 복서들의 삶이 드라마틱해요. 특히 1990년대 복서들, 제대로 관리도 못 받고 그런 거 보면 짠해요.

김영진 류승완 오래갈 것 같지? 제일 오래갈 것 같은데. 봉이냐 류냐.

다들 오래가지 않을까.

류승완 잘해야지 뭐.

김영진 당연하지. 대충해서 오래 가냐.

류승완 추하게 자리를 지키고 싶은 생각은 없어요. 좀 두려워요. 추해지는 게. 내가 만든 옛 영화로 회고전을 갖고 하는 게 별로예요. 예전에는 그런 생각 안 했는데 내 인생의 어느 순간에 전환기가 올 수 있겠다는 예감은 하죠. 아직은 무엇으로 전환할지 모르겠는데.

김영진 아, 영화 말고?

류승완 네. 근데 생계를 위해서 뭔가를 하는 건 서글플 것 같고.

김영진 그래도 생계를 위해서 뭘 한다는 건 존엄한 거야.

류승완 생존이 존엄한 것이지만, 생존 때문에 자기 자신을 잃을 수도 있다는 게 있기 때문에. 메르스 사태 때 TV 뉴스에서 시장 아줌마들이 서울 시장 욕하는 광경을 보면 놀랍고 서글퍼요. 저렇게 염치가 없을 수 있나, 그런 생각도 들고. 결국 생계 때문이잖아요.

김영진 류승완은 진짜 오래 가는 거야.

류승완 봉준호 형이 있는데?

김영진 봉준호는…… 봉준호도 비슷하구나.

류승완 2000년대에요. 김지운, 박찬욱. 1990년대에 데뷔한 거면 더

오래 간 거지. 조영욱 음악감독님이 그랬어. 자고로, 혁명 세대는 오래 간다고. (웃음)

김영진 아니 뭐, 임권택 감독님도 20대에 데뷔해서 말이야.

류승완 그분은 세대가 살아남은 게 아니라 개인이 살아남은 거지.

김영진 그래도 그땐 평균적으로 20년씩 했잖아.

류승완 그땐 다른 게 없었잖아요. 근데 지금은 TV가 생겨나고 무너진 거 아니에요. 인터넷과 핸드폰이 이걸 바꾸는 것 같아요. 전에 사나이픽처스의 한재덕 대표가 그 이야기 하더라고요. 현대 영화의 주적은 핸드폰인 것 같다고. 사람들이 극장에서 핸드폰을 켜지 않게 영화를 만들어야 하는데 그게 너무 힘들다.

김영진 21세기 영화와 20세기 영화가 완전히 달라지는 게 있긴 한데.

류승완 그게 좀 두렵죠. 어떻게 적응해야 하는 건지. 근데 또 보면 〈인사이드 아웃〉(2015) 같은 거 보면 감정이 움직이는 지점은 크게 안 바뀌는 것 같아요. 저만 해도 그런 거에 적응이 잘 안 돼요. 적응이 잘 안 돼.

영화를 꾸준히 만든다는 건
자기 약점이나 실수들을

극복해야 하는 과정일 거라 생각해요.

김영진 〈베테랑〉 흥행 성공하고 〈군함도〉 준비할 때까지 정신없이 바빴지? 만나자고 하는 사람들도 많고. 눈치를 보아하니 누가 만나자고 하면 열심히 만나줬던 모양이던데.

류승완 만나야지 어떡해요? 능력 닿는 한 만나야지. 피곤하긴 해요.

김영진 〈군함도〉 준비할 땐 연락 많이 왔냐?

류승완 심하게 많이 왔죠.

김영진 하하하.

류승완 연락 많이 와. 많이 온다고. 그래도 또 그런 거 있어요. 하고 싶은 사람들한테는 안 온다. (웃음) 근데 다행히 〈군함도〉 캐스팅이 되게 좋게 됐어요. 제가 원하는 대로.

김영진 각본도 많이 들어오나? 다 읽어보냐?

류승완 회사 창구를 통해 대본을 필터링하는데. 아는 사람이 제게 대본을 직접 연락해 보내면 저는 끝까지 읽어요. 왜냐면 저 스스로 그게 얼마나 절실한 건지 아니까. 누가 영화를 봐달라고 보내줘도 마찬가지예요. 그걸 모니터하고 리뷰하는 게 만든 사람들에게 얼마나 절실한 줄 아니까. 그런데 이젠 제가 혼자 감당할 수 있는 범위를 넘어서니까 우리 회사 PD들이나 강혜정 대표와 나눠서 하죠. 옛날 사람 스타일로 보여서 말하기 좀 거북하긴 한데, 저는 대본 읽을 때 결벽이 있어요. 문장에 오타가 있거나 장면 번호가 중복된다거나 하면 흥미가 확 떨어져요. 이건 박찬욱 감독님 영향도 있는데, 박 감독님이 글에 오타 나오는 걸 못 견디는 분이거든요. 제가 그분 연출부 할 때 오타 때문에 굴욕을 많이 겪었어요. 근데 이건 당연한 거예요. 영화를 만들 때 얼마나 많은 변수와 다양한 상황들이 일어나고, 또 체크하고 선택할 게 많아요. 근데 가장 기초적인 출발이 되는 종이 위에 찍혀진 문장을 다룰 때 오타 하나도 제대로 체크를 못 하면 대체 현장에서 수백 명의 보조출연자들 개개인의 연기를 어떻게 볼 거며, 미술 세팅과 엄청나게 많은 숫자로 잘 치환되지도 않는 소품을 다 어떻게 다룰 거며, 하다못해 벽지가 잘 발려졌는지까지 고려해야 하는데 그것들을 어떻게 다 확인할 수 있겠어요. 출발점은 시나리오에서, 자기가 쓴 시나리오에서 실수가 없는지를 볼 줄 알아야 하는데. 저는 그런 부분에서 실수가 생기면 못 견디겠어요. 시나리오는 건축 설계도 같은 건데 설계도에서 1mm 차이가 실제로는 엄청나게 큰 차이를 만들잖아요. 제게 시나리오 보낼 때도 최소한 이런 부분, 이 회사는 어떤 포맷을 사용하는지 등은 조금만 연구하면 되는 건데, 인터넷으로 봐도 요새 금방 찾아내잖아요. 그런 연구 없이 그냥 '나 이렇게 했으니까 이거 봐주세요' 이러면 뭐

감당하기 힘들어요. 얼마 전에는 미장센인가 어디 영화제에서 인사를 했다고 저를 찾아온 사람이 있었어요. 근데 사무실까지 찾아온 거야.

김영진 당신 전매특허였잖아. 젊었을 때 들이대는 거.

류승완 그죠. 그걸 내가 당하는 거지. (웃음) 근데 왔는데. 조감독 통해 연락을 해서 그럼 오라고 그래라, 잠깐 보자고 했는데 저는 이 사람이 스태프를 하고 싶어서 왔나, 이러고 있는데 인생 상담을 하러 온 거예요. 자기가 어떻게 했으면 좋겠는지.

김영진 영화인인데?

류승완 영화를 하려는 친구죠. 내가 어떻게 당신 인생을, 나는 당신을 모르니 해줄 이야기가 없다. 답답한 상황은 알겠는데, 이래저래 사연은 알겠는데 그렇다고 해서 나한테서 이야기를 들으려고 하면 어떻게 하냐, 답은 당신이 가지고 있는데. 그럴 때 제가 어떻게 해야 될지 모르겠어요. 그리고 지금 책을 내기 위해서 갖는 이런 자리도 저는 되게 조심스러운 게, 오늘 아침에도 그런 생각을 했거든요. 내가 이거 괜한 짓 한 거 아닌가. 이게 어쨌든 흔적이 되고 제 삶의 어떤 기록이 되는 건데. 내가 그만큼 가치 있는 삶을 살아온 사람인 건가? 영화만 남기는 것도 버거운데. 이게 누군가의 삶에 만약 잘못된 영향을 준다면? 제가 젊었을 때 여러 직업을 전전하면서도 매일 영화를 보고,

시나리오를 쓰고, 영화에 관한 글을 쓰고 했던 건 구로사와 아키라의 자서전 영향이었거든요. 구로사와 본인은 조감독 생활을 하면서 아무리 못해도 원고지 한 장씩은 꼭 시나리오를 쓰고 잠들었다고 해요. 구로사와 자서전 보면 그의 아버지가 어린 구로사와를 검도장에 보냈는데, 눈이 오나 비가 오나 매일 도장에 다니면서 삶의 성실성을 익혔다는 대목이 나와요. 그게 몇십 년 동안 저를 끌고 왔어요. 지금도 강박적으로 영화를 보고 대본 작업을 하는 것들이 그 영향이에요.

제가 여기서 언급한 어떤 말 하나가 누군가에게 영향을 준다면 그 사람을 잘못된 길로 이끌 수 있잖아요. 그런 게 부담이 돼요. 나의 말이 이렇게 기록으로 남길 만한 가치가 있는 건가? 이건 영화 개봉할 때 하는 인터뷰와는 완전 다른 거니까요. 오늘 아침 문득 그런 부담이 훅 오더라고요. 제 삶의 기록에서 어린 시절 이야기는 몇십 년 지난 이야기인데. 제가 부담을 갖는 건 이런 거죠. 언제나 청춘은 힘들었고 지금 청춘들도 굉장히 힘들게 살고 있는데, 고등학교만 졸업하고 대학도 못 가고 무산계급에 속했던 한 인간이 지금 1000만 관객을 동원한 영화를 한 편 만든 그런 사람이 됐어. 이 사람의 인생행로가 이렇대. 그렇게 생각할 수 있죠. 제가 또 걸리는 건 아까 말했듯이 제 삶이 순응하는 것처럼 보인다는 거죠. 실제로 그렇긴 했지만 저는 또 그게 답은 아니라고 생각하거든요. 당신은 그렇게 머리 숙이며 살아서 거기까지 온 거잖아. 손발 비벼대면서 온 거잖아. 그럼 나도 그렇게 하면 되는 거 아니야? 혹시 그런 생각을 할 수 있을까 봐. 그게 되게 부담돼요. 사람 인생에 답이 없는 건데.

김영진 이 책을 내는 출판사 대표 이야기인데. 그가 시골의사 박경철 씨가 TV에서 20회에 걸쳐 주식 관련 방송 진행한 걸 봤대. 주식의 가나다라를 알려주는 프로그램이었는데, 맨 마지막 방송에서 박경철 씨가 허무하게 이랬대. "여러분 제 방송 잘 들었죠? 그렇지만 제가 진짜 하고 싶은 이야기는 이렇습니다. 여러분들 중에 이 방송을 다 보고 나서도 자신이 없으신 분들이나 자신 있어도 헷갈리는 분들은 주식 하지 마세요. 이게 정말 제가 여러분들께 드리고 싶은 말입니다. 제가 이렇게 이야긴 했지만 저, 주식이 뭔지 사실은 잘 모르겠습니다." 그러니까 19회까지 열심히 들은 사람들이 이 자가 뭐 하는 사람인가 하면서도 한편으로는 그러니까 이게 바로 주식이고 삶이라는 반응도 있었다고 해. 당신이 지금 그렇게 이야기했으니까 됐어. 지금도 그런 게 기록이 되고 있잖아.

류승완 예? 그런 거예요?

김영진 하하하.

류승완 말이 기록으로 남는 게 얼마나 중요하고 심지어 무서운 일인지, 그와 관련해 꼭 하고 싶은 이야기가 있어요. 오래전 제 발언 때문에 지금까지도 고통받는 사람이 바로 제 동생 류승범 배우예요. 승범이는 지금 김기덕 감독님 영화에 출연하고 있는데요, 이게 뭔가 싶다고. 지난주에 촬영 시작했는데 다음 주에 촬영 끝난대요. (웃음) 아무튼 김기덕 감독님 대단해. 승범이가 어쨌든 저로 인해 배우가 됐잖아요. 전 일부 사람들이 승범이를 대하는 인식이 다 제 잘못 때문이라는 자책이 있어요. 지금도 류승범을 둘러싸고 나오는 이야기가 양아치다 뭐 이런 건데, 아주 죽겠어요. 〈죽거나 혹은 나쁘거나〉 개봉할 때 제가 아무것도 모르고 막말한 게, 집에 갔더니 양아치 한 마리가 누워 있더라, 다른 데서 배우 찾을 것 없이 동생을 쓰면 되겠다고 한 인터뷰 내용이 아직도 인터넷에 돌아다녀요. 그게 승범이가 배우로 산다는 것에 피로감을 느끼는 원인이 된 것 같아요.

제 말 한 마디로 인해 씻어 내기 힘든 선입관들이 대중에게 생겼어요. 승범이의 기본적인 삶의 패턴이나 생각, 그 밖의 모든 것들이 굉장히 바뀌었고 성숙해졌는데도 사람들은 단 하나의 단어로 평가해버려요. 승범이는 이제 대중매체에 나서는 게 더 힘들어지고 완전히 흥미를 잃어버린 거죠. 자기 인생을 소모해가면서까지 연기를 계속하는 게 맞나 회의를 품는 게 저는 마음 아파요. 한국영화계에서 류승범이라는 배우의 위치는 굉장히 특별하다고 저는 생각하거든요. 독특한 연기 스타일을 하나 만들어낸 거잖아요. 그 와중에 승범이가 무슨 사고를 친 것도 아니고. 그런데도 사람들이 자기들 편리한 방식대로 류승범이라는 대상을 소비해버리니까. 일단 〈부당거래〉는 승범이 아니었으면 영화의 특이한 날이 전혀 안 섰을 거예요. 근데 검사 역을 해도 양아치, 북한 스파이 역을 해도 양아치라고 그러니까. 그래서 저는 승범이와 작업하는 게 이 친구의 삶에 자꾸 이상한 부담감을 지워주는 것 같은 거예요. 저는 승범이와 함께 작업할 때가 가장 좋고 편하거든요. 제가 원하는 방식의 연기 톤을 가장 잘 이해하고 있는 배우이기 때문에 승범이가 연기하는 걸 지켜볼 때 전 강렬한 희열을 느껴요. 그런데 영화 바깥에서는 대중영화를 만드는 사람으로서 승범이와 저의 관계에 대한 불편한 시선을 의식하지 않을 수 없단 말이죠. 이를테면 언론 인터뷰를 할 때 승범이와 제가 함께 작업한 지 십수 년이 지났는데도 여전히 저한테는 동생과의 작업은 어땠나, 승범이한테는 형과의 작업은 어땠나, 이렇게 접근한단 말이에요. 코엔 형제를 인터뷰하면서 형제끼리 작업하면 어떠냐는 질문은 더 이상 안 하잖아요. 다르덴 형제한테도 그러지 않잖아요. 그들에게 같이 작업하는 게 익숙한 방식일 뿐인 거죠.

우리 형제가 함께 연출하는 건 아니지만 연출하는 사람과 연기하는 사람이라는 비슷한 창작자로서 호흡이 잘 맞으니까 하는 거죠. 그가 연기 해석을 잘못하고 제가 바보같이 연출하면 우리 두 사람이 그렇게 긴 시간 동안 작업을 같이했겠어요? 유아적인 시선으로 계속 우리를 바라보고 자극적인 걸 끄집어내고 싶어 하는 게 안타까워요. 그래서 저도 승범이에게 작업을 제안할 때 그가 좀 불편해하면 더는 같이하자 설득을 못 하거든요. 지금 류승범에 대한 대중의 인식이 실은 대중매체를 통해 만들어진 것도 큰데, 있는 그대로의 류승범이 아닌 본인들이 해석하고 싶은, 본인들이 받아들이고 싶은 류승범을 받아들이기 때문에 승범이 본인에겐 일종의 폭력이죠. 승범이가 지금까지 뭘 잘못한 것도 없는데 그래요. 어떤 이들은 승범이가 자기 건물 소유하고 있는 것도 안 좋게 이야기하는데 그가 사는 방식을 알면 그렇게 못해요. 승범이는 돈을 허투루 쓴 적이 없어요. 낭비도 안 하고 늘 성실해요. 승범이가 해외에 머무는 걸 두고 돈지랄하는 것처럼 이야기하는 이도 있지만 거기서 최소한의 생계비만 갖고 살았어요. 자기 삶의 다른 방향을 찾으려고 그러고 있는 거예요. 얼마 전에 저도 승범이를 외국에서 만났는데, 바지 두 벌 남방 한 벌 갖고 살아요. 적게 먹고 적게 입고 적게 쓰죠. 단순히 자기 분야에서 일을 열심히 해서 좋은 성과를 거뒀다는 이유만으로, 그리고 사회에서 원하는 바른 이미지로 성장하지 않았다는 이유로 함부로 말할 수 있는가. 저는 정말 화가 나요. 사람들이 승범이에 대해 함부로 말하는 것들이.

김영진 그 정도였나? 나는 처음 알았는데?

류승완 저와 작업하고 언론 인터뷰 나면 기사 댓글 거의 반은 양아치 운운하니까. 아니면 형 잘 만나서 어떻게 됐네, 반대로 동생 잘 만나서 어떻게 됐네, 하니까. 물론 그 사람들한테 우리가 어떻게 살아왔는지 이야기하는 제일 좋은 방법은 아침 토크 프로그램 같은 데 나가서 막 울면서 힘든 사연 공개하고 예전 사진들 보여주고 하면 되겠죠. 근데 그렇게 하는 건 싫으니까. 잊힐 듯하면 TV에 나와서 사연을 파는 사람들 추하잖아요. 난 그거 정말 싫어요.

사람들이 함부로 말하지 않았으면 좋겠어요. 저도 그에 대한 피로감이 심해요. 성실하고, 단 한 번도 누구한테 손 빌려 본 적 없고 지금도 모험가로서 되게 멋진 삶을 살고 있는 친군데. 승범이는 얼마 전에도 캄보디아 오지에 배낭 하나 메고 가서 돌아다니다 왔어요. 전 몰랐는데 이번에 만나서 이야기 나눠 보니까 죽을 뻔한 위기를 몇 번이나 넘겼더라고. 이 친구는 자기가 행복하게 살려면 어디에 어떻게 있어야 하는가를 지금

필사적으로 찾고 있거든요. 단순히 코미디 연기로 사람들을 웃겨줬다는 이유로 그 사람을 우습게 바라보고 평가절하하고, 그 사람이 어떤 과정을 거쳐서 살아남았는지에 대해 잘 모르면서 한 사람 인생을 함부로 이야기하는 게 저는 정말 화가 나요. 아쉽다, 속상하다 수준을 떠나 혈육으로서 우리가 어떻게 살았는지 대체 당신들이 알고서 이러는 거야? 이런 말을 하고 싶은 거죠. 금수저, 흙수저 요즘 화제인데 우리 형제는 어려서 조실부모하고 가난을 딛고 성장했다고 그렇게 쉽게 이야기할 수 있는 대상이 아니에요. 예를 들어 우리가 정말 좋은 집안에서 성장했다고 해서 고난이 전혀 없었겠어요? 누구나 자기의 고난이 있고 자기 손톱 밑의 가시는 다 안고 있는 건데. 하여튼 승범이에 대해 이야기할 다른 기회도 없고 해서. 저한테는 영화 인생에서도 굉장히 중요한 위치를 차지하는 사람이니까 승범이에 대한 이야기를 좀 하고 싶었어요.

김영진 류승범은 연기 안 할 생각도 있나?

류승완 지금도 과정에 있는 거죠. 은퇴하겠다고 선언한 건 아니고. 자기 인생의 가변성을 알고 있으니까요. 그런 과정에서 김기덕 감독님 영화에 출연한 거니까. 가장 좋은 건 만든 사람이 만족하고 보는 사람들도 만족하는 건데, 어느 한쪽이 균형을 잃어버리면 그건 한쪽에만 고통을 요구하는 거니까 언젠가 그 균형이 맞는 지점이 생기길 바라는 거죠. 그런 때가 오면 좋겠고.

김영진 유명해지면 좋겠다고 생각하는 사람도 있겠지만 유명세 누리는 것도 고역이겠지. 근데 유명세를 얻으면 가장 좋은 점은 선택할 수 있다는 것이거든.

류승완 그렇죠.

김영진 예를 들면 매체도 선택할 수 있어야 하고. 그런데 지금 우리나라에선 그게 안 돼.

류승완 선택을 못 해요.

김영진 그러니까 피곤한 거야. 당신은 다르덴 형제나 코엔 형제를 이야기했지만 칸 영화제 같은 곳의 공식기자회견장에서도 한심한 질문들이 많아. 일급 기자와 평론가들은 따로 시간을 잡아 인터뷰하지. 베니스 영화제에서 〈아이즈 와이드 셧〉(1999) 개막작 기자회견할 때 톰 크루즈와 니콜 키드먼 당시 부부 배우가 참석했는데 어느 기자가 니콜 키드먼에게 꽃다발을 바치고 사랑을 고백했어. 다들 야유하면서도 재미있어하고. 톰 크루즈는 얼굴이 붉으락푸르락하고. 해프닝이지. 스탠리 큐브릭 같은 감독은 아예 공식 인터뷰를 하지 않고 한두 매체 평론가나 기자를 만나 인터뷰를 했지. 하지만 지금은 마케팅이 질보다는 양에 매달리는 시대니까. 당신도 계약할 때 다섯 개 매체만 인터뷰하겠다, 이런 걸 해야 돼. 권력 있을 때 해야 한다고. (웃음)

류승완 어느 세월에. (웃음) 며칠 전에 박정민 배우를 만났는데 〈동주〉(2015) 때문에 정민이도 인터뷰를 많이 했잖아요. 정민이에게 "야, 너 인터뷰할 때 기자들이 네 전화번호 안 따?"라고 물었더니 "왜들 그러는지 모르겠어요" 하는 거야. 그럴 이유가 없잖아요. 예전에는 상상을 못 했던 상황인데 기자들이 인터뷰 끝나면 휴대폰 내밀고 "전화번호 찍어주세요" 이래요. 안 찍어줄 수도 없잖아. 되게 당황스러워요. 요새 갑자기 기자들한테 전화가 많이 와요. 받아보면 회사를 통해 확인해야 하는 사실을 저한테 직접 하는 거야. 이게 피곤해지는 거죠. 예전에는 우리가 영화전문지 기자들과 인터뷰할 때도 이렇게 사적인 이야기를 할 수 있기까지는 시간이 걸렸잖아요. 서로 존중할 수 있는가에 대해 확인하는 시간이 필요했고. 서로 존중을 주고받을 수 있는 사이가 됐을 때라야 전화번호도 교환하고 사적인 이야기도 할 수 있는 거고. 지금은 그런 게 없이 서로 권력과 권력으로 만나죠. 당신이 나한테 이렇게 대하면 우리는 언제든 당신을 공격할 준비가 돼 있어, 라는 식이죠. 〈베테랑〉 개봉하고서 어떤 인터넷 언론사의 높은 분이 술자리에서 모 영화를 이야기하면서 "난 그거 보지도 않았지만 그거 나와 봐야 뭐, 본 거나 마찬가지야" 이런 식의 이야기를 하는 거예요. 무섭더라고 진짜.

요즘에는 매체들이 너무 많으니까 여러 기자와 한꺼번에 인터뷰하는 라운드 테이블 인터뷰를 영화 홍보하러 많이 하잖아요. 어떤 매체는 라운드 테이블 인터뷰를 거절하고 단독 인터뷰를 원하죠. 안 해주면 틀어져서 막 공격하고 그런단 말이야. 그럼 따로 인터뷰 시간을 내줬을 때 정말 가치 있는 질문을 하느냐? 안 그런단 말이죠. 저 〈베테랑〉 홍보할 때 어떤 스포츠 신문 기자는 영화를 안 보고 왔어. 자기 후배 기자를 대신 보게 해서 후배 기자한테 영화 이야기를 듣고 왔대요. 그럼 이 사람하고 무슨 말을 하느냐고. 그리고 와서도 성실하게 영화를 보고 영화에 대해 이야기하고 이러면 모르겠는데 뻔한 질문들 있잖아요. "유아인 어땠나요?" 이런 질문할 거면 라운드 테이블 인터뷰에서 해도 되잖아. 시사회 끝나고 나서 기자회견할 때 나와도 되는 질문들인데. 따로 인터뷰해도 대개 다 똑같은 질문들이고. 영화 개봉하면 제가 2주 정도 인터뷰하거든요. 아침부터 저녁까지, 월요일부터 금요일까지 2주 한단 말이에요. 하루에 30분씩, 한 시간씩 매체 기자들을 쭉 만나서 똑같은 이야기를 계속해야 돼. 그 와중에 이 사람들도 다른 걸 실어야 하니까 어떤 일간지는 제 사진 찍은 것 중에 표정이 이상한 걸 골라 싣질 않나. 우스꽝스럽게 보이게끔 하는 거죠. 저야 모델 하겠다고 사진 찍는 게 아니니까 그렇다 해도 배우 입장에서는 소모되는 게 심할 거예요.

김영진 일단 매체가 너무 많으니까. 스스로 자정은 안 될 걸.

류승완 요새 그거 아시죠? 인터넷 기자 한 사람이 시사회 시사권을 판매했어. 그게 걸렸거든. 이를테면 아이돌이나 한류스타가 나오는 영화 시사권을 일본 팬들한테 파는 거예요. VIP 시사회나 기자 시사회 할 때 그런 사람들이 들어오는 거야.

김영진 당신이 힘 있을 때 바꿔 봐. (웃음)

류승완 어떻게 바꿔요? 저는 영화 크레딧 정리하는 것도 힘든데.

김영진 투자자 이름이 맨 앞에 뜨는 관행? 그건 어떻게 돼 가냐?

류승완 협상이 잘 진행되고 있었는데 그것도 어느 인터넷 매체에서 류승완이 투쟁한다는 식으로 기사 내는 바람에 분위기가 심각해졌어요. 이건 협의하면서 하나씩 바꾸면 되는 문제였는데 제가 외로운 투쟁 하는 것처럼 자극적으로 썼으니까. 사실 이건 투자사와의 문제가 아니라 영화계 내부의 문제가 더 심했던 거죠. 영화계 내부에 크레딧에 대해 어떤 원칙이 없으니까. 어떤 영화에선 주요 스태프 이름이 세 번 나온 적도 있어요. 처음과 끝, 그리고 맨 마지막에 전체 이름이 화면에 흐를 때. 대체 저 사람들은 무슨 생각으로 이름값을 저렇게 가벼이 여기는 거지, 생각하죠. 몇 년 전부터 제가 크레딧 관행에 문제 있다고 이야기해도 듣지 않다가 제가 협의를 하고 있다고 하니까 큰 싸움 난 것처럼 기사 제목을 뽑아버리니까.

김영진 자, 이제 다시 영화 이야기 좀 해보자. 〈베테랑〉에 대해선 점검 좀 했어? 반성하는 게 당신 특기잖아. (웃음)

류승완 우리가 처음 이 자리를 가질 때만 해도 〈베테랑〉 개봉 전이었잖아요. 1차 원고를 보니까 〈베테랑〉 개봉 전이라는 걸 염두에 두고 제가 영화를 약간 과잉 홍보하고 있어. (웃음) 사람은 솔직해야 하잖아요. 〈베테랑〉 개봉하고 후폭풍이 쓱 지나가니까 이제 제가 냉정하게 〈베테랑〉을 복기하면서 잘못한 것, 앞으로 개선해야 할 것, 극복해야 할 것들을 생각하게 돼요. 개봉 당시와 달리 〈베테랑〉에 대한 제 입장도 또 바뀐 게 있어요.

김영진 그래도 너무 반성하지는 마라. (웃음) 근데 뭐가 바뀌었어?

류승완 개봉 전에는, 일단 이 영화를 어찌 됐건 되게 아끼고 있을 때잖아요? 자식으로 치면 성년이 되지 않은 상태죠. 집 밖에 내보내지 않은 상태에요. 집 밖으로 내보내고 나니까 얘가 달리 보여. 사람들의 평가를 들어 보니 이게 자식 키우는 사람으로서 '아, 이건 잘못 가르쳤구나' 이런 게 보이는 거죠. 선배님도 〈베테랑〉 개봉 당시 신문 칼럼에 '하워드 혹스도 칭찬할 만한 영화'라고 쓰시고.

김영진 그건 개봉 전에 쓴 거고, 개봉 후에는 《씨네 21》에 길게 썼지.

류승완 개봉 전 쓰신 그 칼럼 두고 트위터에선 사람들이 '어딜 봐서

하워드 혹스가 칭찬할 영화라는 거야? 우이씨' 이러고 있었거든. (웃음)

김영진 평론은 원래 그런 거야. 특히 개봉 전에 쓰는 프리뷰는 모객하기 위한 것이기도 하고. 좋은 평론은 영화를 보고 싶게끔 만드는 것이기도 하다고 나는 믿는다. (웃음)

류승완 그래서 많이 피곤했어요. 〈베테랑〉에서 그동안 제가 극복하지 못했던 지점을 넘어선 것도 있고, 여전히 극복 못한 지점도 있다고 보는데요. 일종의 휴머니티라고 해야 하나? 그런 부분은 지금도 무척 자랑스러워요. 이 영화에서 생명을 다루는 방식 같은 것들이요. 이 인터뷰 내용에 계속 언급되는 것이지만 〈부당거래〉 이후 제가 겪은 고민이 어떤 식으로든 〈베테랑〉에 담겨있는 것 같고. 제가 가장 당황스러웠던 건, 제 영화에서 여성을 묘사하는 방식에 대한 공격들이었거든요.

김영진 뭐 때문에 그렇지?

류승완 〈베테랑〉에서 장윤주의 배역 이름을 '미스 봉'이라고 했는데 왜 미스 봉이라고 했느냐, 이런 공격이 되게 많았어요. 형사들이 그들 사이에서 실제로 별명을 부르고 그러니까 한 건데. 김시후의 윤 형사도 '막내'라고 나오고. 서로 이름들 잘 안 부른단 말이에요. 근데 이런 부분들이 여성들 관점에서 불편할 수 있었겠구나, 제가 사실 의식 못했던 부분인데 그걸 발견한 거

죠. 아마 그것도 있는 것 같아요. 이 영화가 제가 만든 영화 중에 가장 많은 여성 관객들과 10대 관객들이 본 영화라서 그동안 제 영화를 보던 남성 관객 중심 반응과 달리 완전히 새로운 반응을 볼 수 있었던 것 같아요. 앞으로 이런 부분들은 좀 더 세심하게 접근해야겠구나, 하는 거죠. 그다음에 되게 당황스러웠던 건 극 중 황정민 선배가 맡은 서도철 형사의 부인, '주연'이라는 이름으로 진경 씨가 연기한 캐릭터가 저쪽 편의 회유를 뿌리치고 경찰서에 와서 서도철에게 명품 가방 받은 이야기를 하면서 '나도 흔들렸다', '나도 사람이고 여자다'라고 말하는 장면을 불편하게 보는 여성관객들이 있더라고요.

김영진 좀 심하다. 캐릭터가 그런 걸 어떻게 하란 말이야.

류승완 어떤 정답이 있는 문제는 아닌 것 같은데, 이런 시각이 가능할 수 있겠구나 싶었죠. 그런 비판을 담은 글 중에서 저한테 되게 많은 생각을 하게 했던 것은 영화 블로거이자 외국영화 번역도 하는 홍지로의 글이었어요. 그가 영상자료원 사이트에 기고한 글과 개인 블로그에 쓴 글 다 그랬어요. '마초적인 남자들을 묘사하는 방식은 그럴 수 있다. 그렇게 해서 재미를 끌어낼 수도 있는데, 그것을 바라보는 감독의 시점과 태도는 생각해볼 문제가 있는 게 아닌가'라는 지적이었거든요. 감독이 분명하게 마초 문화를 조롱하는 의도를 담았다 하더라도 마초적인 걸로 표현되는 주인공의 행동을 사람들이 은연중에 응원할 수 있게 만드는 건 문제가 있다는 거죠. 그 글을 읽은 직후엔 되게 심란했는데 생각을 많이 하게 됐어요. 저한텐 도움이 됐던 거죠, 그 시선이. 물론 약점 없는 영화가 어디 있냐고 하지만 그 말 뒤에 숨는 건 비겁하잖아요. 영화를 꾸준히 만든다는 건 자기 약점이나 실수들을 극복해야 하는 과정일 거라 생각해요. 그건 영화를 만들 때 감독이 변치 말아야 할 작가적 태도나 일관성, 이런 것과 조금 다른 문제죠. 영화를 만드는 사람들은 영화를 만드는 과정 자체를 통해 성장하는 게 좋은 거니까. 제게 그 답을 보여주는 좋은 모델은 스티븐 스필버그거든요. 스필버그 영화에 이제 피터 팬 콤플렉스 같은 건 안 보이잖아요. 그 사람 최근 영화를 보면 진짜 무슨 영화를 만들기 위해 태어난 사람 같은 느낌이고. 앨프리드 히치콕의 영화들에선 오히려 그런 성장의 느낌은 없는 것 같아요. 그냥 히치콕 그 사람의 탁월한 재능과 아주 놀라운 연출력으로 초기에 만들었던 영화나 후기에 만들었던 영화들이 되게 일관성 있게 가죠. 스필버그는 다른 게, 영화와 인간이 같이 성숙하는 게 마구 느껴지거든요. 심지어 최근작 보고 다시 예전 영화를 보면 다르게 다가올 정도예요.

〈베테랑〉 이야기로 다시 돌아오면, 영화를 공개하고 났을 때야. 영화를 좋아해 주고, 환호해주고, 환대해주고 하는 것들이 물론 좋죠. 하지만 저를 생각하게 하는 건 비판들이에요. 말도 안 되는 걸 가지고 물어뜯는 건 제게 영향을 주지 못하지만 합당한 비판을 받으면 '아, 다음 영화 찍을 때는 조금 더 세심하고 성숙한 태도가 필요하겠다'고 느끼죠. 제가 다루는 영화 속 여성들을 묘사하는 장면들이라든지.

김영진 다 맞는 이야기 같은데, 정치적 올바름이라는 건 되게 미묘한 문제야. 창작자가 그걸 의식해서 가려 표현하는 것보다 솔직하게 드러내는 게 좋지. 예를 들면 명품 가방에 흔들리는 여성은 현실에 존재할 수 있는 여성이야.

류승완 아, 근데 그거예요. 그 부분에 음악을 썼단 말이에요. 정치적인 올바름의 문제가 아니라 영화적인 꾸밈을 지적하는 거예요. 사람을 다루고 사람을 바라보는 태도의 문제죠. 그 장면을 제가 어떻게 연출했냐 하면, 음…… 그 장면은 두 인물의 어깨너머로 상대방을 번갈아 보는 쇼트들과 인물의 단독 미디엄 쇼트로 이뤄져 있는데, 제가 그 여자의 심정을 정말 잘 드러내고자 했더라면 쇼트 배분도 좀 달랐을 거예요. 카메라가 그녀를 바라보는 위치도 조금 달라야 했고. 그 장면 후반부에 아내의 말을 듣는 남편 서도철 형사를 향해 카메라가 줌인하거든요. 그다음에 아내를 향해서도 줌인하면 감상적인 음악이 깔리면

서 장면이 바뀌고, 음악을 확 변환시키고는 분위기를 바꾸죠. 음악 효과로 인물들의 감정에 관객이 동조하지 않으면 안 되는 식으로 몰아가요. 음악을 그렇게 배치하지 않고 좀 더 객관적으로 그 장면을 찍었다면, 그 판단을 관객이 하게 됐다면 어땠을까 이런 의심이 저 스스로 생기는 거죠. 그건 명백하게 제가 봐도 관객들에게 요구한 거니까. 이런 여자의 심정, 어때? 울분이 생기지? 더 열 받지? 자, 그다음 장면엔 이런 부부 갈등에 원인을 제공한 놈이 나올 거야. 노골적이거든요, 쇼트 배치와 진행이.

맞아요. 이런 사람들 분명히 있죠. 관객들도 그러니까 이 인물을 좋아했겠죠. 저도 이 장면을 좋아했거든요. 지금도 좋아해요. 특히 배우들의 연기가 좋았어요. 자, 그럼 진짜 이런 상황으로 들어가서 들여다본다 했을 때 이런 입장으로 살아가며 이런 갈등을 겪고 이럴 때 자기 속내를 내보이는 사람이 있다고 한다면, 그걸 표현하기 위해 만들어낸 장면이라고 한다면, 이걸 연출하는 감독이 관객에게 감정이입을 강요하지 않고 세련되게 표현하는, 그러니까 관객들이 자연스럽게 그 감정을 받아들이게 만드는 방법은 없었을까. 그런 고민이죠. 〈베테랑〉을 만들 때 저 스스로 〈베를린〉 촬영 때의 스트레스나 개봉 때의 후유증을 털어버리기 위해 방만하게 연출했던 지점이 있는 것 같아요. 제가 전에 이야기한 걸 다시 보니까 게을렀다는 표현을 몇 번 하더라고요. 그런데 이 영화에서도 제가 여전히 약간 게을렀던 지점들이 있어요. 정말 완벽한 상태로 영화를 끌어냈다면 다시 여러 번 볼 때 긴 시간 동안 이 영화를 충분히 즐겨야 하는데 그러지 못해요. 아, 이 장면 카메라 세트업은 위치가 달랐어야 했는데, 여기서 배우들 연기 톤을 조금 더 눌렀어야 했는데, 이런 것들이 보인다는 거죠. 그런 걸 다음 영화에서는 극복하려고 하는 거고.

김영진 무척 어려운 문제야. 당신이 지금 말하는 건 영화 내에서 확보돼야 할 비평적 거리인데. 등장인물과 관객 사이에 있어야 할 객관적인 거리. 그런 거리를 추구함으로써 미학적 윤리를 성취하는 건 맞지. 그걸 치열하게 추구하면 허우 샤오시엔 감독의 〈자객 섭은낭〉(2015) 같은 영화가 되는 거고.

류승완 그렇죠.

김영진 서사의 진행과 상관없이 관객과 거리를 완벽하게 지키잖아. 근데 당신이 그 영화 극장에서 볼 때 관객이 당신 혼자였다며? 〈자객 섭은낭〉처럼 하긴 힘들어. 대중영화는 거리를 지키기 쉽지 않지. 관객을 끌어들여야 하니까.

류승완 아니 근데, 표 끊을 때 저 말고 한 사람이 더 있었는데 안 왔나 봐. 예매 취소했나 봐. 그래서 뒤에서 혼자 봤어. (웃음)

김영진 아까 그 장면 이야기로 돌아가면, 서도철 형사의 아내 주연이 명품 가방 운운할 때 스스로 울컥하고 관객도 울컥하게 되잖아. 서도철 형사의 반응 화면으로, 황정민의 표정에 관객을 동화시키고 그 동력으로 다음 드라마 전개로 넘어가는 건데. 그런 게 여하튼 대중영화의 기본 연료 아니냐.

류승완 그렇죠.

김영진 거리를 유지하며 전개되는 건 굉장히 중요하고 본질적인 문제이긴 한데 인물 감정을 받쳐주는 화면과 음악을 담백하게 처리하고 간다는 건 엄청난 난제라고, 대중영화에선.

류승완 그렇죠. 근데,

김영진 지금 다시 만들어서 그 장면에서 음악 빼고 인물 반응 화면도 최소화시키고 객관적인 앵글로 잡고 이러면 〈베테랑〉의 박력이 있겠냐?

류승완 그러니까 제가 스필버그를 말씀드리는 거예요. 저한테는 〈스파이 브릿지〉라는 영화가 2015년에 저를 되게 흔들었던 영화 중 하나였거든요.

김영진 그 영화 좋지.

류승완 그냥 아무것도 아닌 대화 장면에도 〈스파이 브릿지〉에는 인물의 정서와 작품이 지켜야 할 거리가 다 있단 말이에요. 스필버그가 기존에 만들던 방식에서 크게 바뀐 것도 없는 것 같아.

근데 아주 미묘한 변화들이 영화 전체를, 그 분위기를 바꾼다는 거죠. 스필버그의 세계관이나 가치관이 변했느냐? 그것도 아닌 것 같거든요. 근데 훨씬 더 성숙한 느낌이 있는 거죠. 저도 이건 말로 다 설명할 수 없는데. 영화를 만든다는 게, 현장에서 모든 카메라의 배치나 연기 연출에 대해 전부 설명하면서 갈 수 있는 게 아니니까. 설령 그렇게 한다 해도 재미가 없죠. 영화 연출 작업이라는 게 모든 것에 디렉션을 주면서 그 모든 것들을 설명하면서 갈 수 있는 게 아니니까. 그리고 그러면 재미가 없어지는 것 같아요. 설명할 수 없는 어떤 부분을 제대로 묘사할 때 관객의 마음도 움직이고 영화적인 마력을 뿜는 것 같은데. 이를테면 아까 말했던 제가 이틀 전에 본 〈자객 섭은낭〉에 대해, 누가 그 영화 왜 좋으냐고 물으면 저는 설명할 자신이 없어요. 이게 왜 좋았지 대체? 근데 사람을 계속 잡아끌었단 말이죠. 그냥 계속, 입이 쩍 벌어져서 다물어지지 않아. 누군가는 칸 영화제 감독상을 받은 이 영화를 과대평가된 영화라고도 하지만 그냥 뭐랄까, 좋은 건 좋은 거잖아요.

김영진 〈자객 섭은낭〉도 훌륭한 영화지.

류승완 그죠? 모르겠어요. 아까 뭐 객관적 위치, 관객과의 거리, 이런 게 되게 어려운데. 제가 〈자객 섭은낭〉 같은 영화를 만들 수는 없을 거예요. 모든 장면에 관객을 몰입시키고 영화 속 상황을 충분히 전달하기 위해 사용할 수 있는 영화적인 모든 테크닉을 허우 샤오시엔 감독이 다 사용한 것 같고요. 이를테면 아주 미세하게 연출되어 있는 풀벌레 소리, 바람 소리, 그밖에 온갖 자연 현상들, 커튼의 움직임 하나, 그것들이 다 예사롭지 않게 표현되죠. 심지어 영화 중반에는 화면 비율도 바뀌고 어떤 장면에선 현상도 다르게 했는데 영화 전체가 흔들리지 않아요. 어떤 하나의 톤이라고 말할 수 없는 색감으로 유지가 되는데도 무리가 없다는 거지. 감독은 자기의 시선을 유지하면서, 우아하게 이야기하자면 자기의 미학적인 능력을 뽐내면서 관객을 끌어들이죠. 중요한 건 제가 아무리 그런 부분에 자극을 받아 시도해도 관객을 몰입시키지 못한다면 그건 실패죠. 감독의 태도만 존재하는 거지. 그건 되게 못난 방식이겠죠. 그래 놓고 징징대겠죠. 왜 나를 이해 못 해줘, 나는 이렇게 변했는데 왜 몰라줘. 이건 소용없는 일이죠. 영화의 역사에서 그런 실패한 감독들을 보잖아요. 거기엔 시대의 흐름이란 것도 있겠죠. 시대의 흐름에 잘 적응하면서 자신의 일관된 가치관을 얼마나 잘 전달할 수 있느냐는 어려운 문제예요.

김영진 나는 류승완 감독의 영화가 한국 대중영화의 한계선이라고 생각해. 더 내려가면 안 되는.

류승완 봉준호 형이 있는데? 하하하. 이분 이름은 계속 나오네.

김영진 봉준호 영화보다, 이런 표현은 좀 그렇지만, 당신 영화가 스타일 면에서 훨씬 더 대중적이지. 늘 그렇게 증명은 안 됐더라도. 흥행되는 다른 한국영화들을 보면 난 동의 못하는 영화들이 많고. 아까 당신이 말한 스필버그의 〈스파이 브릿지〉 말이야. 나도 2015년에 본 영화 중 최고였는데 극장에서 볼 때 생각이 많아지더라고. 극장에서 보는데 관객들 반응이 산만해. 옆에 앉은 노부부는 계속 영화 내용 두고 질문과 답을 주고받고 있고, 앞에 앉은 아저씨는 자주 몸을 비틀다가 주변 사람한테 항의받고. 난 영화에 완전히 몰입하고 싶은데 어수선한 초등학생 교실 분위기니까 짜증이 나더라고.

류승완 하하하.

김영진 옆자리 노부인은 자꾸 남편한테 줄거리를 물어봐. 아, 스필버그 스토리텔링도 해설이 필요하구나. 절제와 함축이 안 먹히는 거지. 이게 진정한 영화의 품격이라고 감동하고 있는데 엔딩 크레딧 올라가자마자 우당탕 다들 자리를 뜨고. 나는 대중이나 관객이나 굉장히 추상적인 개념이라고 보는데, 여하튼 응답하는 관객이 있고 응답하지 않는 관객이 있는데 극장에 오는 사람들은 즐기기 위해 오는 사람들이 대다수고, 그들을 상대로 훅을 걸어 몰입시키면서 격도 갖추는 건 힘든 작업이란 말이야. 최근 영화들이 점점 소란스러워지면서 고전영화식 호흡을 갖춘 영화는 살아남기가 점점 힘들어져. 〈스파이 브릿지〉도 적어도 한국에선 대중적인 영화가 아니란 말이야. 스필버그 영화가 이런 대접을 받은 건 이게 처음도 아니야. 스필버그 영화는 언제부턴가 한국에서 예술영화처럼 상영되고 있어.

류승완 맞아요. 난 정말 그게 이상해.

김영진 〈워 호스〉(2014)도 끝내주는 영화였는데.

류승완 끝내주죠.

김영진 그거 개봉했는지도 몰라, 사람들이.

류승완 〈워 호스〉는 사람들이 이상하다 싶을 정도로 이야기 안 하는 영화예요.

김영진 로베르 브레송이 만든, 당나귀를 주연으로 했던 영화 〈당나귀 발타자르〉(1966)란 영화가 있었지. 〈워 호스〉는 스필버그식 〈당나귀 발타자르〉란 말이야. 스펙터클로 풀었지만 격이 있는.

류승완 저는 스필버그 이야기를 왜 하냐면, 〈워 호스〉를 보면 말의 감정을 느끼잖아요.

김영진 그렇지.

류승완 그건 정말 영화만이 해낼 수 있는 어떤 경지인데, 영화만이 해낼 수 있다고 쉽게 말하지만, 실제로 영화 만드는 사람들은 해내기 진짜 힘든 거거든요. 저는 그런 식으로 동물한테 몰입해서 봤던 게 장 자크 아노의 〈베어〉(1988) 정도였는데, 〈베어〉

는 곰한테 완전히 이입할 수 있게끔 모든 세팅을 해놓고 인간들이 그 곰 세상의 조연으로 등장하잖아요. 〈워 호스〉는 인간들의 세상에 말이 나오는 건데 말에 감정이입을 시키잖아요. 사람이 나와서 사람이 말을 하고 사람이 하는 행동을 찍는데도 이입이 안 되는 영화들이 되게 많은데 〈워 호스〉를 보면서 와, 저런 힘이 대체 어디서 나오는 거지? 저게 단순히 콘티의 힘으로 나올 수 있는 건가, 말들이 전쟁터를 누비는 장면을 롱테이크로 찍은 건 도대체 어떻게 찍었나 싶기도 한데. 그러니까 연출가로서 욕망이 생기는 거죠. 어쩌면 〈베테랑〉이 흥행했으니까 받는 선물 같기도 해요. 〈베테랑〉의 상업적인 성공이 저를 다른 갈증으로 안내하고 있는 것 같고. 이를테면 선배님이 《씨네 21》 평에서 지적하셨던 건데, 류승완의 영화는 여전히 무성영화의 경지에 다다르는 지점을 발견하기 어렵다는 것 있잖아요. 저도 그런 순간들을 만들고 싶죠. 사실 액션 장면을 찍는다는 것은 무의식중에 그런 목적이 있는 거잖아요. 그런 야심들로 출발하잖아요. 〈베테랑〉을 하고 나서도 제 영화가 너무 수다스럽고 소란스러운 것 같다는 느낌이 있거든요. 어젯밤에 빌리 와일더 영화를 봤는데요. 웃기는 소동극인데 소란스럽게 느껴지지는 않아요. 그러니까 아니 뭐, 제가 그런 야심을 갖고 꿈을 꾸는 게 잘못된 건 아니잖아요? 그런 꿈을

가질 수 있잖아요. (웃음)

김영진 기대할게. (웃음)

류승완 제가 만든 영화가 한국 대중영화의 한계선이라고 생각하신다는 선배님 말씀은 감사하지만 저는 의구심이 들어요. 저는 〈베테랑〉이 제 마스터피스가 될 거라고 생각하지도 않았고, 지금도 그래요. 그냥 저 스스로 영화 만드는 흥미를 다시 한 번 느껴보고 싶어서 한 거고. 그런 측면에서는 제게 소중한 영화지만 네가 죽을 때 네가 만들었던 영화 중 최고가 뭐였냐고 물으면 〈베테랑〉을 꼽을 것 같지 않거든요. 같이 했던 분들에게는 조금 미안한 이야기이지만. 저는 이 영화 만들 때보다 조금 더 잘하고 싶고, 더 괜찮은 영화를 만들고 싶은 욕심이 아직 있어요. 〈베테랑〉은 제가 다음 영화를 훨씬 더 좋은 환경에서 만들 수 있게 해준 발판이 돼줬죠. 자신감을 회복하게 해줬고. 이런 산업 환경 내에서 자본을 유리하게 활용하게 만들어준 부분에서는 굉장히 중요한 영화죠. 다음 영화 캐스팅 진행하고 있을 때 배우들에게서 먼저 연락 오고, 투자사에서 먼저 만나자고 하고, 이랬던 적이 별로 없었는데. (웃음)

김영진 예전에는 곧잘 당신이 언젠가는 영화 안 할 수도 있고 이런 이야기했었잖아.

류승완 그렇죠. 영화 안 할 수도 있죠. 지금도 그 생각은 변함없어요.

영화를 못하게 되는 순간을 맞는 것보다 제가 먼저 영화를 안 하는 쪽을 결정하고 싶거든요. 제 인생에서 만약 투자를 못 받아 영화를 못 만들게 된다면, 돈이 없어 제가 영화를 생산해내지 못하는 상황이 된다면, 못하게 돼서 떠나는 것보다 안 하는 게 맞는 거 같아요.

김영진 당신 자세는 항상 상업적이고 산업적이야.

류승완 맞아요. 제가 무슨 갑자기 예술가 행세를 하고. 무슨 제가, 저는 그렇게 못해요. 유럽 애들한테 다니면서 돈 빌려 가지고 그렇게 못 찍죠.

김영진 카메라만 있으면 찍는 스타일은 아니니까.

류승완 그러니까 저는 아피찻퐁 위라세타쿤이나 허우 샤오시엔처럼 영화를 만들 수 없는 사람이죠. 완전히 다른 필드에서 성장했고. 이를테면 댄서들 가운데도 서로 다른 수많은 댄서가 있잖아요. 제가 예전에 되게 재밌게 본 게, 서태지가 처음 나왔을 때 그 당시 댄싱 퀸이 김완선 씨였는데 방송 연예 프로그램에서 패널들이 김완선 씨에게 서태지와 아이들의 회오리춤을 출 수 있냐고 요청했는데, 춤을 정말 잘 추는 김완선 씨가 그 춤을 못 추는 거예요. 자기는 그 춤을 못 춘다고. 그게 인상적이었어요. 아, 이 분야에서도 각자 못하는 게 있는 거구나. 물론 연습을 하면 되겠지만. 근데 서태지와 아이들이나 그 이후 세대들에게 프랭크 시나트라 시절의 재즈 가수들이 하는 그 몸 동작을 재연하면서 노래를 부르라고 하면 그건 또 잘 안 붙는 그림이잖아요. 그러니까 누구나 다 자기가 할 수 있는 것이 있고 해야 하는 영역들이 존재하는데 그걸 건너뛴 사람들이 진짜 센 사람들이죠. 뭐, 이안 같은 감독들.

김영진 그렇지.

류승완 〈헐크〉(2003)도 찍고, 〈브로큰백 마운틴〉(2005)도 찍고, 〈와호장룡〉(2000)도 찍고, 〈색, 계〉(2007)도 찍고. 말이 안 되잖아요. 이안 같은 감독들은 한 세대에서 몇 명 안 나와요. 저는 이미 제가 그만큼 재능이 있는 사람이 아니라는 걸 알고 있죠. 제 주제를 알아요. 근데 그럼에도 불구하고 저라는 그릇 안에 있는 물을 썩게 하고 싶지는 않은 거죠. 제 안에 있는 물을 버려내고 딴 물로 채워 넣어도 보고 실수하더라도 한번 딴 길로도 가보는, 이걸 하고 싶은 거죠. 한때 어려서는 스필버그 영화는 구리다고 부정했던 시절이 있었는데, 돌이켜보면 그 사람은 〈레이더스〉 시리즈를 만들면서 〈컬러 퍼플〉(1985)을 만들고 〈후크〉(1991)를 만들고 〈쉰들러 리스트〉(1993)를 만들고 〈태양의 제국〉(1987)을 만들고 이랬죠. 지금은 〈워 호스〉도 그렇고 〈우주전쟁〉(2005) 같은 영화만 보더라도 이전에 그가 SF 활극을 만들 때와는 굉장히 다른 느낌을 주거든요. 저도 이제 마흔이 넘으니까 나이

들면서 추해지기 싫은 거죠. 클린트 이스트우드 같은 감독들, 여전히 그분이 만든 〈아메리칸 스나이퍼〉(2014) 같은 영화들은 정말 끝내주잖아요. 그렇게 끝까지 제대로 살아남은 사람들을 본받아 따라가고 싶은 거죠. 그 사람들의 공통점은 항상 자신이 하던 영역에서 크게 벗어나진 않지만 그럼에도 불구하고 곁길로 한번씩 슬쩍 갔다가 돌아오고, 요만큼 가는 것은 괜찮잖아 뭐, 이러면서 또 한번 가보고. 자기들 영역을 그렇게 넓혔던 거잖아요.

김영진 오래 갈 것 같아. 늘 반성하는 류승완이니까. (웃음)

류승완 그럼요. 반성 중요하죠. '류승완의 반성' 요런 것도 책 제목으로 괜찮아. 끊임없는 반성. (웃음)

김영진 책 제목 어때? '류승완의 자세'.

류승완 '자세' 괜찮아요. 류승완의 '태도'보다 '자세'. 자세 잡을 줄 아는 건 중요하니까요. (웃음) 근데 자세하니까 생각나는데 제가 〈베테랑〉 개봉 전에 한 이야기를 쭉 읽었잖아요. 제가 되게 현실에 순응하며 살았던 사람이라는 게 보이더라고요. 이렇게 막 수그리고 살고 했던 게. 근데 그러면 나는 저항을 전혀 하지 않고 살았나? 나는 어떻게 여기까지 온 거지? 저 스스로 신기하더라고요.

김영진 순응하는 척하면서도 자기 걸 지켰으니까 여기까지 온 거지.

류승완 순응자. 제목 또 나왔다. '류승완의 순응'. (웃음) 제가 보면 일관성이 없잖아요. 수그리면서도 칼을 품고 있는 거죠. 제가 약간 배신의 아이콘 같은 기질도 있어요. 순응한다는 것은 정신줄을 다 놔버리는 거잖아요. 근데 제가 태도는 공손하더라도 마음은 주지 않는 게 있어요. (웃음) 상대와 협상하고 그쪽이 원하는 걸 해주더라도 최소한 지킬 건 지켜야 하는 게 아닌가. 제 자세는 살아오면서 늘 그랬던 것 같아요. 모든 걸 잃는 건 바보짓이니까. 모든 상황에서 그랬던 것 같아요. 영화작업을 하면서도 마찬가지예요. 예, 그러니까 한번 그런 야심을 품어보는 거죠.

아, 영화 정말 잘 만들어보고 싶다. 정말 괜찮은 영화 만들고 싶다.

내게 다시 오지 않을 기회니
갈 데까지 가보자.

그런 생각으로 찍었죠.

태도는 삶의 길을 만든다

김영진 지난번 인터뷰한 게 언제였지?

류승완 〈베테랑〉 끝나고 나서였을 걸요? 첫 인터뷰 한 게 〈베테랑〉 전이었고. 도대체 이 인터뷰는 언제까지 해야 돼? 그냥 책 내지 말고 계속 인터뷰만 하죠. (웃음)

김영진 〈군함도〉를 스크린으로 보니까 다르네. 시나리오 읽을 때는 그런 생각을 안 했는데. 지문이 너무 많으니까. 화염병을 던지고, 어쩌고저쩌고하면 '알았어' 하고 슬렁슬렁 다 건너뛰고 읽었는데. 직접 영화로 보니까 이게 인물들 동선 전개가……. '감독이 무슨 배짱으로 이걸 찍었을까', '이 장면은 어떻게 찍었지?'라는 생각이 계속 들던데. 국내에서 몹신(대규모 인원이 동원된 장면)을 이렇게 찍어낼 수 있는 감독이 또 있나? 이 정도면 절찬 아닌가? 개봉 전이니 불안을 달래줘야지. (웃음)

류승완 드라마는 별로예요?

김영진 뭐 드라마도 괜찮아. 그런데 모든 영화가 결국은 드라마를 시각화하는 거 아니냐. 뻔히 알고 가는 게 있잖아. 이야기의 기본 관습이 있고. 이 영화가 좋은 건 그런 것들을 처음부터 시각화해서 보여주잖아. 초반 도입부도 그렇고. 우리가 상상했던 부분을 실제로 보여준다. 기술적으로. 그게 중요한 성취 아닌가? 더 이상의 평이 있나? (웃음) 그나저나 이 많은 몹신들 어떻게 찍은 거야?

류승완 진짜 고생 많이 했어요. 예를 들면 삭제된 장면 중 하나인데. 시모노세키 창고에 200여 명의 조선인을 앞에 두고 일본 회사 간부가 나와서 설명하는 장면이 있어요. 황국신민서사 제창하고 계약서 쓰라고 하는 장면인데요. 200명의 인원 통제가 쉽지 않은 거죠. 〈베를린〉에서 베를린 광장에 300여 명 모아놓고 몹신 찍어봤는데, 이게 또 다르더라고요. 극도로 예민해졌죠. 이거 맞추면 저거 안 맞고, 다 맞췄다 싶으면 한 꼬마 아이의 움직임이 눈에 밟히고, 날은 또 덥지, 그날 스태프들이 다 쓰러졌어요.

초반엔 저도 그렇게 정신없고, 메가폰 잡고, 수고하신다 인사도 하고, 파이팅도 하고, 막 이랬죠. 사람들의 호흡이 맞기 시작한 게 연병장에서 등장인물들 탈의하는 장면, 그리고 목욕탕 액션 장면 찍고 나서부터였어요. 그때부터 만족도가 높아지기 시작했어요. 그러면서 아, 이제 되나 보다. 힘들긴 해도 찍히는 걸 보니까 와, 우리가 찍나 보다. 그렇게 좀 달라지는 포인트가 있긴 했는데, 그래도 제 마음가짐이 가장 중요했던 것 같아요. 영화 찍는 과정 절반쯤 지나면서는 '좋은 사람 콤플렉스를 버려야겠다. 스태프들한테 류승완 감독 좋은 감독이 란 소리 듣는 건 아예 포기하자'라고 다짐했던…….

김영진 언제는 안 그랬냐? (웃음)

류승완 저 〈베테랑〉 때는 좋은 감독이었어요. 항상 웃고.

김영진 지난번 인터뷰 때와 또 달라지네. (웃음)

류승완 안 되더라고요. (웃음) 사람이 안 바뀌어요. 너무 힘드니까. 나는 뭐 안 힘드냐고. 밤마다 뛰었거든. 춘천에 조깅 코스가 잘 되어 있어요.

김영진 참 건전해. 술 안 먹고.

류승완 술 먹으면 힘드니까요. 잠을 못 자니까. 막 8km씩 뛰고, 무릎 아플 때까지 뛰고. 안 그러면 미칠 것 같으니까. 내가 왜 힘든가를 생각해보니까, 현장에서 존경받으려고 하는 게 있더라고요. '이걸 버려야 한다. 둘 다 얻을 수는 없다.' 좋은 감독 되려면 현장 가서 항상 웃고, 사람들 챙겨주면서 항상 웃고, 맨날 술자리하고 그러면 되는데, 그러면 영화가 망가질 것 같으니까. '욕을 먹더라도 나중에 기술 시사했을 때 떳떳하려면 내가 좋은 사람이 되려는 욕망을 버리자' 이렇게 생각한 거죠.

김영진 목욕탕 액션 장면 그거 참 좋던데. 그건 어떻게 찍었어?

류승완 선배가 영화 〈이스턴 프라미스〉(2007)에 나오는 목욕탕 액션 장면 이야기를 되게 많이 했잖아요. 그래서 옛날부터 그 영화

넘어야 하는데, 뛰어넘어야 하는데, 했는데. 뭐 이젠 우리도 그 정도는 한 손으로도 찍어요. (웃음)

일단 합을 정교하게 짜 놓았던 게 좋았고요. 소지섭이랑 김민재 연기가 좋았어요. 배우들이 모든 합을 다 외워야 했고, 또 각자 대역 스턴트의 몸동작뿐만 아니라 리듬까지 알아야 했는데 그걸 해줬죠. 이번엔 미술팀이 힘들었죠. 목욕탕 바닥에 매트 다 깔고 타일도 안전 타일로 다 바꾼 거예요. 액션팀은 저와 거의 15년 넘게 쌓아온 게 있으니까요. 아, 그리고 이번에도 그게 좋았어요. 스턴트맨 갈아치기(배우 대역 스턴트맨을 대역처럼 보이지 않게 만드는) 하는 거. 이걸 어떻게 자연스럽게 만들까에 대한 노하우가 더 쌓이니까 좀 더 좋아진 것 같아요. 어떻게 더 아파 보이게 할 수 있는가에 대한 부분도 더 좋아진 것 같고. 안전 소품들도 좋아졌고. 소지섭이 찍으면서 놀라더라고요. 한 명도 안 다치고 가는 현장 모습에. 그런데 막상 엔딩 신이 세다 보니까 영화 본 사람들은 목욕탕 신이 기억 안 날 수도 있을 거예요. (웃음)

김영진 액션도 액션인데, 그 주변에 사람들이 군집해 있으니까 더 세게 느껴져. 리액션이 있으니까.

류승완 그렇죠. 연출부의 공이 컸어요. 이 친구들이 보통 매 장면마다 조선인 옷을 입고 아예 연기자들 사이로 들어가 있었어요. 보조 출연자들도 좋았고. 시작할 때 조선 징용인 역할을 해줄 친구들을 대략 80명 정도 배우지망생들로 뽑았어요. 식당 장면 같은 거 보면 뒤에 보조출연자들 한 사람 한 사람 다 연기하고 있거든요. 〈주먹이 운다〉에서는 충의대 선수들, 〈베테랑〉 마지막 엔딩 장면에서도 모두 배우지망생들이 출연했죠. 이번 영화는 몹신이 전체 영화의 80%가 넘어서 더더욱 이런 친구들의 역할이 중요했어요. 거기에 황정민, 송중기, 이경영과 같은 배우들이 함께하는 배우들을 잘 이끌어줬어요. 자기 역할과 관계가 있는 주변 배우들 관리를 쫙, 하는 거예요. 거기다 고정 단역배우 중에 황정민 선배보다 출연 회차가 많은 사람들도 있었어요. 이런 사람들이 또 새로운 단역배우들이 현장에 들어오면 알려주고. 이런 건 감독이 일일이 지휘하기 어려운데 배우들이 스스로 알아서 해주니까 전문가들과 함께 영화를 찍는 느낌이 들었어요. 다들 전문가로서 현장에 있었던 느낌이랄까요.

김영진 팀워크라는 게 그래서 중요한 거야.

류승완 배우들 덕이 정말 컸어요. 배우들이 누구 하나 속 썩이거나 그런 게 없었으니까. 복이죠. 중국에서 〈베테랑〉 리메이크한다고 두기봉 감독 〈마약전쟁〉(2013)에 주인공으로 나온 순홍레이 배우를 만났는데, 〈군함도〉 현장 놀러 가도 되냐고 해서 오라고 했더니 진짜로 왔어. 수송선 신을 찍을 때였거든요. 배 세트 지어서 할 때인데, 그 사람이 중국영화 현장 같으면 꿈도 못 꾼다고. 보조출연자들이 어떻게 저렇게 연기를 다 잘하냐며. 다른 영화라면 웬만한 클라이맥스 장면이랑 맞먹는 규모로 웅장한 세트에서 군중 장면을 계속 찍으니까 이게 뭔가 싶었던 거죠.

김영진 당신의 능력도 능력이지만 이번 영화는 그동안 당신이 같이해 왔던 스태프와 배우들의 저력이 살았던 영화인 것 같아. 촬영 조명도 좋던데. 촬영감독하고 잘 맞았겠다.

류승완 네. 전 특히 라이팅 방식이 좋았어요. 탄광에서의 라이팅이 마치 지옥 같은 느낌을 주잖아요. 빨갛게 타오르는 게. 그리고 이모개 촬영감독이 다루기도 힘들고 요즘은 다들 쓰지도 않는 포타집이라는 옛날 장비를 써요. 왜 그렇게 그 장비를 쓰냐고 물었더니 이전에 오승욱 감독이 포타집을 써서 만든 영화는 촬영감독이 장비와 싸워서 이겨내는 느낌이 있다고 했대요. 실제로 장비가 무겁고 추 균형 잡기도 어렵고. 그 이야기를 듣고 현장에서 이 감독이 해봤다가 실패를 했나 봐요. 이 사람이 나름 남성 호르몬 넘치는 사람인데, 포타집이 자기 자존심을 건드린 거죠. 그 이후로 엄청 노력해서 포타집 사용법을 마스터했대요. 그다음부터 포타집 가지고 찍어요. 그래서 이 영화에서 나오는 느낌이 그냥 무빙차 깔고 하는 그런 느낌과는 확실히 다른 게 있죠.

또 불 지르는 장면. 이런 장면에 그냥 방화복 입고 카메라 들고 들어가서 찍으니까…… 뭐라고 해야 할까. 상황 안으로 들어가는 것에 거침없다고 해야 하나. 샷을 하나하나 힘들게 찍어요. 제가 좋은 촬영감독들하고 일을 많이 해봤잖아요. 이번 영화가 이 감독의 장점이 잘 드러날 수 있었던 영화 같아요. 인물들이 상체를 탈의하고 나오는 신이 많았는데 사람의 질감이 주는 뉘앙스도 잘 살려줬고. 똑똑한 사람이에요. 대본 콘티 보면서 함께 본질적인 이야기도 많이 나눴어요.

김영진 앵글도 중요하잖아.

류승완 이번에는 좋았던 게, 이모개 촬영감독이 사진 찍던 사람이었거든요. 피부 톤 같은 건 세바스치앙 살가두 사진작가의 사진 보여주면서 이런 톤으로 가자고 하고. 앵글도 개념을 잘 잡았어요. 이 감독은 이 영화가 관객을 관찰자로 만들지 말고 관객이 현장 안에서 함께 체험하는 느낌을 받게 하는 게 중요하다고 생각했어요. 현대 영화 기조가 체험하는 것에 있다고 하더라고요. 저도 동의했고요. 그러다 보니 어떻게 영화 속 상황 안에 관객을 같이 있게 만들 것인가, 함께 고민하게 됐죠. 그 방법의 하나로 배경과 인물을 분리하지 않고 보여줬고요. 대신 전통적으로 넓게 착 빠져서 보여주는 앵글의 화면, 이런 게 없죠. 극단적으로 전경을 보여주거나 대화 장면에서 넓게 빠졌다가 다시 들어가는 그런 장면이 없잖아요. 주위 환경에 보여줄 여러 요소가 많으니까 컷을 분할하는 방식이 아니라 흐름을 이어주는 방식으로. 아! 다 만들고 보니까 클로즈업이 엄청 많은 것 같던데. 여하튼, 일단 상황 세팅을 세세하게 다 해놨어요. 군함도 지도 펼쳐 놓고 인물들이 어디서 탈출해서 몇 번 벨트를 타고 어디로 가고, 그런 것들을 디테일하게 군사 작전하듯이. 그렇게 기본적으로 큰 동선과 상황을 명확히 해놓으니까 찍을 때 좀 쉬워지는 거죠. 그다음에는 앞서 세워 놓은 규칙을 정확히 지키면 되니까.

또 철저하게 가상선은 여기고, 인물의 시선은 여기를 벗어나면 안 된다 등등 교과서적인 원칙을 지키려고 했어요. 심지어 현장 상황이 너무 열악해서 어쩔 수 없이 이미지 라인을 넘겨야 하는 상황이 있었는데…… 탄광 사고 장면처럼요. 이 신이 원래 같은 벽면을 양쪽에서 뚫는 건데 찍을 때 원칙을 지키고 후반 작업할 때 좌우를 뒤집어서 명확하게 해주고 했어요. 은연중에 혼란이 생기는 것을 방지하기 위해서요. 구로사와 아키라나 앨프리드 히치콕 영화 보면 정말 기본에 충실하잖아요. 내가 놓칠 수 있는 것들을 계속 되새기면서 그 영화들을 봤어요. 요즘은 현장 편집까지 하니까 찍으면서 그냥 넘길 수 있는 유혹이 많은데, 원칙을 지키려고 노력 많이 했어요. 마지막 탈출 장면 보시면 인서트 컷(화면을 연출할 때 컷 사이에 추가하는 화면)을 써서 넘어가는 게 없잖아요. 철저하게 계획한 대로 찍었어요.

김영진 그 유혹에 정말 한 번도 안 졌어? 인서트 컷으로 넘어갈 수 있다는.

류승완 후반에는 정말 오기가 생겨서. 이렇게까지 왔는데, 폭격 장면 같은 어려운 장면 다 찍고 막판까지 왔는데, 관객들이 마지막 장면 볼 때 이 대혼란을 진짜 경험하는 것처럼 만들어야 하는데 그걸 그렇게 찍고 싶지 않았어요. 그럴 거면 이렇게까지 오지도 않았을 테니까. 그리고 제 속마음에는 이런 생각도 있었어요. 이런 영화를 언제 찍어보겠냐. 제가 계속 수익을 내고 모양 빠지지 않는 영화를 만들면서 감독 생활을 한다 해도 이런 규모의 영화를 만들 수 있다는 게, 소재나 모든 것들이 맞아떨어져야 하는 건데. 한국 시장 규모를 봤을 때 현재는 이 영화가 최대치거든요. 제가 모든 세대 관객들이 좋아할 만한 그런 영화를 만들 재주가 있는 감독도 아니고. 내게 다시 오지 않을 기회니 갈 데까지 가보자. 그런 생각으로 찍었죠.

김영진 한국 영화 최고 제작비인가?

류승완 제가 알기로는 〈마이웨이〉(2011)가 더 들었는데 〈군함도〉가 단일 투자액수로는 최고일 거예요. 최동훈 감독의 〈암살〉도 제작비 200억은 넘었고요.

김영진 그래도 상대적으로 이게 돈을 더 많이 쓴 것처럼 보여.

류승완 우리가 또 그런 거 잘하잖아요. (웃음) 사실 〈베테랑〉 끝나고 나서 개인적으로 많은 변화가 있었어요. 큰 제안들이 많았고요. 제가 일 안 해도 평생 돈 마음대로 쓰면서 살 수 있는 제안들. 심각한 고민이 들 정도의 제안들이었죠. 그런데 그렇게 하면 진짜 영화를 못 할 것 같더라고요. 그래서 없는 가오지만 최소한의 가오는 지키고 살자는 생각으로…….

김영진 〈군함도〉는 작가의식에 대한 강박감이 끼어들 틈이 없었고. 영화감독으로서 도전할 미션이 명확했고. 영화를 보니 그 미션이 생각보다 더 컸다는 생각이 들어. 사실상 영화의 거의 전부가 몹신이었는데 그게 영화감독으로서 해볼 만한 도전이었다는.

류승완 이 영화가 제게 가장 크게 가르쳐 준 게 있어요. 이 영화가 제게 준 선물일 수도 있고. 렌즈에 포착되는 화면 깊이를 다룰 수 있다는 자신감을 줬어요. 내가 이 정도까지 통제할 수 있구나, 내가 만들어 낼 수 있구나, 사각 프레임을 놓고 어디까지 가볼 수 있겠구나, 그런. 제가 좋아하는 장면이 그 마지막 탈출 장면에서 황정민이 악단들과 함께 낫 들고 가는 장면인데, 거의 270도로 도는 장면이었어요. 그 장면을 다 채웠으니까. 전·후경 움직임도 있지. 사실 그걸 찍을 때 한계가 와서 해도 해도 끝이 없더라고요. 아무리 해도 화면 어딘가가 비니까 특수효과팀도 한계가 있고. 결국 해냈어요. 그 장면 찍고 나서는 제가 조금 더 나가볼 수도 있겠다는 자신감이 생겼어요.

김영진 다음 영화도 또 대작 찍을 거야?

류승완 아휴. 체력적으로 정신적으로 큰 영화를 연달아 한다는 게……. 온전히 배우들 호흡으로 가는 작은 영화 알차게 찍어 볼 생각이에요.

김영진 기대할게.

류승완을 읽다

류승완은 2000년대 이후의 한국영화계에서 놀라울 만큼 꾸준한 페이스로 영화를 찍고 있다. 〈베테랑〉을 제외하면 극장에서 크게 히트를 기록한 작품도 없다. 대단한 걸작을 찍은 것도 아니다. 그렇지만 실패작은 하나도 없다. 어떤 영화에든 류승완은 자기 서명을 작품 안에 남겨놓는다. 〈죽거나 혹은 나쁘거나〉는 액션 키드의 데뷔작으로 알려졌지만 실은 그 영화광의 패기에 찬 묘사 못지않게 거리 아이들의 삶에 대해 류승완 자신이 깊이 알고 공감하는 사실적 묘사로 관객에게 호소했다. 〈피도 눈물도 없이〉도 〈스내치〉(2000) 류의 강탈영화를 인용하는 척하지만 실은 젊은이와 늙은이를 아우르며 주류에서 뒤처진 인물들의 마음을 들여다본다. 요컨대 그는 유희적인 액션 키드의 유명세에 감춰진 다른 본색, 생의 깊은 잔주름을 응시하는 관점을 갖고 있다. 〈아라한 장풍대작전〉은 성룡의 열혈 팬으로서 류승완이 자신의 유희적 본능을 적극적으로 드러냈으며, 자기탐닉적인 액션 묘사의 과잉으로 마지막을 장식해 청년영화의 분위기를 왕성하게 자랑하는 듯했지만 거기에도 남들이 보지 못하는 비주류 인생의 응달에 대한 근원적 연민의 감정이 자연스레 묻어난다. 〈주먹이 운다〉는 남성적 감상주의의 정점으로 치달으며 거리에서의 삶을 생짜로 들여다보는 류승완의 리얼리스트적 본능을 드러냈지만 역시 절정부에서 자기 스타일 과시를 자제

하지 못했다. 실제 삶의 시간과 영화적 시간을 등치시킴으로써 사실적 에너지를 최대한 끌어올린다고 하는 그 영화의 마지막 클라이맥스 장면에서 역설적이지만 스타일리스트 류승완의 고집이 느껴진다. 류승완은 과유불급을 꺼리지 않는다. 〈짝패〉는 지역 토호와 결탁한 암흑가의 세력과 맞서는 주인공들의 활약상을 충청도의 지역 정서와 남성공동체에 대한 그리움과 상실을 바탕에 깔고 묘사해류승완 연출의 최고 경지 근처까지 보여줬다. 이 영화 역시 클라이맥스에서는 관습적이고 편안한 결말을 기대하는 관객과 대결하려는 청년 류승완의 패기가 왕성하게 흐른다.

그 와중에 류승완은 감독으로 유명인사가 됐다. 그는 1990년대 중반 이후에 시작된 영화저널리즘의 황금기와 동승한 행운아다. 그는 누구에게도 뒤지지 않는 영화광으로서 젊은이들에게 매력적인 아이콘으로 부상했다. 그는 영화의 전통에 관해 말할 수 있으면서도 새로운 영화의 흐름을 민감하게 지각함으로써 무언가를 만들어낼 수 있는 가능성의 담지자로 자신을 영리하게 알려 자기 작품의 흥행 파워에 비해 훨씬 영향력 있는 감독이 됐다. 유희적인 액션영화 키드로서의 정체성과 사회의 비주류 인물들의 삶에 대한 응시를 놓치지 않는 리얼리스트 류승완의 정체성은 홍해가 갈리듯 구분되는 것이 아니고 한 편의 영화 안에서도 서로 충돌하며 섞인다. 〈다찌마와 리〉 이후 2년여간 절치부심했던 류승완은 〈부당거래〉를 통해 비로소 그가 장담했던 장인의 길을 걸을 수 있다는 내외의 판정을 받았다. 리얼리스트로서의 그의 태도는 사회 부조리에 대한 꼼꼼한 취재와 묘사를 통해 다듬어졌고, 유희적인 영화광의 태도는 등장인물의 캐릭터 묘사에 녹아든 해학적 여백을 통해 해소됐다. 〈아라한 장풍대작전〉 이후 가장 규모가 컸던 첩보스릴러 〈베를린〉에서 류승완은 이때까지 한 번도 그의 영화에서 보여준 적이 없었던 멜로드라마적 감성을 액션 설계를 통해 꾀하는 접근을 보여준다. 남과 북의 분단을 소재로 남한과 북한의 공작원이 대결하면서 친구가 되어 간다는 설정에 북한 공작원 부부의 이별이라는 서브플롯을 깔면서 인물의 감정을 액션에 새기려고 시도한 이 영화는 그때까지 류승완이 기록한 영화의 흥행기록을 깼다.

대작 해외로케였던 〈베를린〉으로 탈진한 류승완은 〈베테랑〉을 통해 비로소 그가 어릴 적부터 영화를 보며 배양했던 활기찬 낙관주의와 액션영화광으로서의 유희적 태도를 장르문법 안으로 거의 완전하게 끌고 들어온다. 유머와 코미디를 포기하지 않고도 사회적 분노를 정확히 조준한 이 영화는 리듬과 호흡이 불균일했던 류승완의 초기 영화들의 상업적 단점을 극복했다. 이뿐만 아니라 장르영화 관습에 충실한 척, 캐릭터의 표면과 액션의 세부에 성실하게 천착한 결과 이 사회의 밝음과 그늘을 다 껴안는 주요한 징표들을 화면을 통해 던짐으로써 커다란 사회적 반향을 일으켰다. 작가로서의 자의식을 벗어던지고 장르 관습의 세부에 몰입함으로 류승완은 나이에 비해 많은 영화를 연출한 장인 감독으로서의 숙련도를 증명하는 한편, 역설적이지만 작가적 발언이 가능한 내공의 소유자라는 것도 동시에 증명하게 되었다. 〈베테랑〉을 본 후 나는 류승완이 곧잘 억울함을 토로하며 반복했던 말을 떠올렸다. "실은 그렇게 영화 많이 보지 않는다. 나는 내가 좋아하는 영화를 반복해서 보는 유형의 감독이다. 어릴 적부터 그랬다. 어떤 콤플렉스가 있었는지도 모른다. 나도 당신들처럼 영화를 많이 알고 싶고, 공부했다는 걸 증명하려고 했을지도 모른다. 그러나 이제는 마음이 바뀌었다. 당신들이 내 현장을 아는가? 내가 아는 삶을 아는가? 다 책이나 영화에서 본 게 아닌가? 나는 내 체험으로 접수한 보여줄 것들이 많은 사람이다."

〈군함도〉는 바야흐로 류승완이 영화 장인으로 제 위치에 섰음을 증명하는 작품이다. 여기에는 일제 강점기 막바지를 시대 배경으로 군함도에 끌려가 고난의 세월을 보냈던 조선인들이 주인공으로 등장한다. 이 영화는 생존을 위해 저마다 달리 행동했던 집단의 세부를 놀라운 활기로 파고든다. 역사적 비극 앞에서 인물들의 윤리성 여부에 대해서는 괄호를 쳐놓고 그저 살기 위해 어떤 이들은 타협을, 어떤 이들은 싸움을, 어떤 이들은 관망을 했으며, 그 와중에 피해자들의 육체에는 너덜너덜 가혹한 고통의 흔적이 새겨진다. 이들을 지옥으로 몰아넣었던 가해자들 역시 광기와 두려움을 감추고 생존을 위해 정반대 방식으로 분투한다. 중요한 것은 이 모든 역사적 삶의 과정을 감독 류승완이 '집단적 움직임'으로 재현했다는 것이다. 화면 속 인물들은 끊임없이 움직인다. 어떻게든 살아야 했던 그들의 생존 의지가 영화적으로 생생하게 구현된 촬영과 빛과 인물들의 움직임 속에서 거대한 시각적 웅변의 화음으로 관객에게 다가온다. 형언할 수 없는 어떤 상태를 화면에 온전히 그려냄으로써 류승완은 전문가주의의 완성을 그 스스로 상찬할 수 있는 상태에 도달했다.

그렇더라도 류승완은 여전히 동요하는 예술가다. 그의 내부에 있는 활달한 창조본능이 어느 한군데에 머무는 것을 용납하지 않을 것이다. 우리 두 사람은 자주 만나는 사이는 아니지만 1년에 한두 번씩 만나 대화를 나눌 때마다 류승완은 자신이 써둔 한 꾸러미의 시나리오에 대해 늘 의견을 구했다. 그것들 가운데는 꽤 오래전부터 구상해온 아이템도 있었다. 어떤 것은 굉장히 재미있었고 어떤 것은 심각했다. 류승완은 이것저것 생각이 많다. 이제 그는 자기 내부의 창조적 충동에 대한 자신감과 그것을 현장에서의 연출이라는 절제된 집단표현 통로로 어떻게 조화시킬 것인가에 대한 경험에 만족하는 눈치다. 그는 그 윗세대의 영화적 취향이나 대중문화 감성과 비슷한 것을 공유하고 있으며 아랫세대의 자유분방한 개방성도 품고 있다. 그의 영화적 취향은 성장기에 대중문화를 왕성하게 소화해 축적한 체험에서 촉발된 것이 크지만 다른 감독들과는 달리 거리에서 익힌 삶의 감각에 예민한 촉수를 갖고 있다. 그가 오늘날 거둔 성공은 그에게는 정당한 보상이다. 그가 늘 동요하고 반성하고 걱정하는 감독이라는 점에서, 동시에 밝은 외면적 활기를 잃지 않는 감독이라는 점에서, 앞으로도 그는 기대를 받을만한 감독이다.

류승완 from 1998 to 2017

패싸움 Rumble(1998), 단편, 각본/감독/출연
부산 아시아단편영화제(1998)

현대인 Modern Man(1999), 단편, 각본/감독/출연
서울 독립영화제(1999)

죽거나 혹은 나쁘거나 Die Bad(2000), 장편, 각본/감독/출연
도쿄 필름엑스 영화제(2000, 아시아 경쟁 부문), 벤쿠버 국제영화제(2000, 경쟁 부문), 로테르담 국제영화제(2001, 장편 메인), 홍콩 국제영화제(2001, Asian Vision), 부에노스아이레스 국제독립영화제(2001, Panorama), 미네아폴리스 국제영화제(2001, 일반), 카를로비 바리 국제영화제(2001, 한국영화회고전), 판타지아 국제영화제(2001, 컨템포러리 한국영화), 멜버른 국제영화제(2001, Panorama), 파리시네마 국제영화제(2006, New Korean Cinemas), 서울 독립영화제(2014, 특별전), 피렌체 한국영화제(2016, Ryoo Seung-wan Retrospettiva), 전주 국제영화제(2000, 한국영화 부문)

다찌마와 LEE Dachimawa Lee(2000), 단편, 각본/감독
서울 독립영화제(200, 특별상영), 미쟝센 단편영화제(2015, 특별상영)

피도 눈물도 없이 No Blood No Tears(2002), 장편, 각본/감독
부산 국제영화제(2002, Korean Panorama), 샌프란시스코 버클리 KIMA 영화제(2002),부에노스아이레스 국제독립영화제(2003, 한국영화 부문), 우디네 극동영화제(2003, 특별전-한국영화의 황금기), Onedotzero 7(2003), 시애틀 국제영화제(2003, 아시아무역풍), 멜버른 국제영화제(2003), 카이로 국제영화제(2003, 한국영화 특별전), 가오슝 영화제(2003), 파이어크래커 쇼케이스(2005), 피렌체 한국영화제(2016, Ryoo Seung-wan Retrospettiva), 브뤼셀 국제판타스틱영화제(2016, Retro), 부천 국제판타스틱영화제(2017, Special Programs)

사진 Picture(2002), 뮤직비디오, 감독

오아시스 Oasis(2002), 장편, 출연

아라한 장풍대작전 Arahan(2004), 장편, 각본/감독, 북미 배급(2004)
뉴샤텔 국제판타스틱영화제(2004, Asian Competition), 독일 판타지영화제(2004), 에든버러 국제영화제(2004, Late Night Romps), 우메아 국제영화제(2004), 판타스티크영화제(2004), 샌디에이고 아시안국제영화제(2004), 시체스 국제판타스틱영화제(2004), 트롬쇠 국제영화제(2005, 경쟁), 제라르메르 국제판타스틱영화제(2005, Séances Spéciales), 브뤼셀 국제판타스틱영화제(2005, 공식 부문/어린이입장가, 2016, Retro) 이스탄불 영화제(2005, 한국영화 특별전), 필라델피아 국제영화제(2005, 데인저 에프터 다크), 우디네 극동영화제(2005, Main Program), 뉴욕 아시안영화제(2005, 2013), 씨네팬 아시아영화제(2005, 파노라마 오브 마샬 아트), 판타지아 국제영화제(2005, 한국영화전), 실크스크린 아시안아메리칸 영화제(2006), 애틀랜타 대한민국영화제(2012), 피렌체 한국영화제(2016)

주먹이 운다 Crying Fist(2005), 장편, 각본/감독
뉴욕 아시안영화제(2005), 카를로비 바리 국제영화제(2005, Another View), 판타지아 국제영화제(2005, 한국영화전), 멜버른 국제영화제(2005, Regional Focus), 파이어크래커 쇼케이스(2005, 폐막작), 애선스 국제영화제(2005) 샌디에이고 아시안국제영화제(2005), 홍콩 아시안영화제(2005, Cineaste Delights), 부산 국제영화제(2005, Korean Panorama), 이태리 아시아영화제(2005), 모스트라문도 무빙 이미지 페스티벌(2005), 오슬로 국제영화제(2005), 스톡홀름 국제영화제(2005, Asian Images), 시네마 노보 영화제(2006, 경쟁), 유바리 국제판타스틱영화제(2006), 리옹 아시아영화제(2008), 마라케시 국제영화제(2009, Tribute to South Korean Cinema), 뉴욕 아시안영화제(2012, Choi Min-sik Retropsective), 피렌체 한국영화제(2016, Ryoo Seung-wan Retrospettiva)

다섯 개의 시선 '남자니까 아시잖아요 'If You Were Me 2(2005), 옴니버스 단편, 각본/감독
부산 국제영화제(2005, Korean Panorama), 로스앤젤레스 아시안퍼시픽영화제(2006), 리옹 아시아영화제(2006, 장편 부문)

짝패 The City of Violence(2006), 장편, 각본/감독/출연, 북미 배급(2006)
카를로비 바리 국제영화제(2005, Another View), 부산 국제영화제(2006, Korean Panorama), 베니스 국제영화제(2006, Midnight), 스톡홀름 국제영화제(2006), 유바리 국제판타스틱영화제(2006, 경쟁 부문), 도빌 아시안영화제(2007, Action Asia), 시체스 국제판타스틱영화제(2007, 경쟁 부문), 뉴욕 아시안영화제(2007, Feature Film Program, 2011, The Korean Line-Up), 판타지아 국제영화제(2007), 피렌체 한국영화제(2016, Ryoo Seung-wan Retrospettiva)

발레리노 Ballerino(2007), 뮤직비디오, 감독

다찌마와리, 악인이여 지옥행 급행열차를 타라 Dachimawa Lee(2008), 장편, 각본/감독
아시아 필름페스트(2008), 시체스 국제판타스틱영화제(2008), 유바리 국제판타스틱영화제(2009, PIFAN Special Presentation), 뉴욕 아시안영화제(2009, Feature), 피렌체 한국영화제(2016, Ryoo Seung-wan Retrospettiva)

타임리스 Timeless(2009), 모토롤라 광고 단편, 각본/감독

헤어지지 못하는 여자, 떠나가지 못하는 남자(2009), 뮤직비디오, 감독

한국관광공사 중국편 에피소드 1~4(2009), 단편, 감독

해결사 Troubleshooter(2010), 장편, 각본

부당거래 The Unjust(2010), 장편, 각본/감독
파리 한국영화제(2010), 호주 한국영화제(2011, 개막작), 로테르담 국제영화제(2011, Panorama), 베를린 국제영화제(2011, Panorama), 아시안 필름 어워드(2011, Best Screenplay), 홍콩 국제영화제(2011, World Cinema-Gala Presentation), 우디네 극동영화제(2011, South Korea), 상하이 국제영화제(2011, Spectrum), 뉴욕 아시안영화제(2011, Sea of Revenge: New Korean Thrillers), 멜버른 국제영화제(2011, Accent on Asia), 판타지아 국제영화제(2011, 장편 부문), 헬싱키 국제영화제(2011, Asian Cuts), Korean Film Festival DC(2012), 런던 한국영화제(2015), 피렌체 한국영화제(2016, Ryoo Seung-wan Retrospettiva), 브뤼셀 국제판타스틱영화제(2016, Official Selection)

애타게 간첩을 찾아서 Finding Spy(2012), 다큐멘터리, 감독

베를린 The Berlin File(2013), 장편, 각본/감독
홍콩 국제영화제(2013, 갈라 프레젠테이션), 우디네 극동영화제(2013, 경쟁 부문), 테라코타 극동영화제(2013, Current Asian Cinema), 에든버러 국제영화제(2013, Focus on Korea), 뉴샤텔 국제판타스틱영화제(2013, New Cinema from Asia), 뉴욕 아시안영화제(2013), 달라스 아시안영화제(2013), 호주 한국영화제(2013, Crime and Punishment), 헬싱키 국제영화제(2013), 부산 국제영화제(2013, Korean Panorama), 타오위안 영화제(2013, Korean Wide Angle), 탈린 블랙나이츠 영화제(2013, Panorama), 필마시아 영화제(2013), 피렌체 한국영화제(2016, Ryoo Seung-wan Retrospettiva)

신촌좀비만화 '유령' Mad Sad Bad-Ghost(2014), 옴니버스 3D 단편, 각본/감독
전주 국제영화제(2014, 개막작), 시체스 국제판타스틱 영화제(2014), 피렌체 한국영화제(2015, Independent Korea), 부천 국제판타스틱영화제(2015, KAFA+Next D "3D, Once Again")

베테랑 Veteran(2015), 장편, 각본/감독
토론토 국제영화제(2015, Vanguard), 부산 국제영화제(2015, Korean Panorama), 런던 이스트아시아필름페스티벌(2015, 개막작), 파리 한국영화제(2015, 개막작), 아시안 필름 어워드(2016, 경쟁 부문), 블랙무비 제네바영화제(2016, Polar tout en muscle), 베오그라드 국제영화제(2016, Thrills & Kills), 피렌체 한국영화제(2016, Ryoo Seung-wan Retrospettiva), 브뤼셀 국제판타스틱영화제(2016, Thriller Competition), 암스테르담 판타스틱영화제(2016, Audience Opening Film), 상하이 국제영화제(Jackie Chan Action Movie Week, Panorama), 부천 국제판타스틱영화제(2016, 특별전-Best of Asia), 부에노스아이레스 한국영화제(2016), 호주 한국영화제(2016)

죽거나 혹은 나쁘거나: 디지털 리마스터링 Die Bad(2016), 장편, 각본/감독
전주 국제영화제(2016, 폐막작)

군함도: 감독판 Battleship Island(2017), 장편, 감독
시체스 국제판타스틱영화제(2017, Oficial Òrbita)

수상경력

1998년 〈패싸움〉 부산 아시아단편영화제 우수 작품상

1999년 〈현대인〉 서울 독립영화제 최우수 작품상, 관객상

2000년 〈죽거나 혹은 나쁘거나〉 부산 국제영화제 PSB 영화상
청룡영화상 신인감독상
춘사영화상 심사위원 특별상

2004년 〈아라한 장풍대작전〉 부천 국제판타스틱영화제 장편 부문 작품상, 푸르지오 관객상

2005년 〈아라한 장풍대작전〉 몬트리올 판타지아영화제 베스트 액션 아시아 영화 은상, 관객상
도빌 아시안영화제 액션아시아 부문 작품상, 연꽃상

〈주먹이 운다〉 칸 영화제 제37회 감독주간 국제비평가협회상
부산영화평론가협회상 감독상
한국영화평론가협회상 10대 영화상
벨기에 플랑드르 영화제 관객대상
뉴욕 아시안영화제 관객상

2010년 〈부당거래〉 디렉터스컷 시상식 올해의 감독상
A-Awards 크리에이티비티 수상

2011년 〈부당거래〉 청룡영화상 감독상&최우수 작품상
시체스 국제판타스틱영화제 카사 아시아상 수상
서울문화예술대상 영화감독 대상

2013년 〈베를린〉 부일영화상 최우수감독상
대한민국 대중문화예술상 대통령 표창

2014년 〈신촌좀비만화〉 시체스 국제판타스틱영화제 포커스 아시아 최우수 작품상

2015년 〈베테랑〉 시체스 국제판타스틱영화제 포커스 아시아 최우수 작품상
청룡영화상 감독상
한국영화제작가협회상 감독상
한국영화평론가협회상 감독상, 10대 영화상
한국영화기자협회 올해의 영화상 감독상
마리끌레르 영화제 파이오니어상
가톨릭매스컴상 영화 부문 수상

2016년 〈베테랑〉 맥스무비 최고의 영화상 최고의 감독상, 최고의 작품상
백상예술대상 영화감독상
부일영화상 최우수 작품상
대한민국 청소년영화제 인기영화인 영화감독 부문 수상

2017년 〈군함도: 감독판〉 시체스 국제판타스틱영화제 오르비타 부문 최고 작품상